恵那の戦後教育運動と現代

『石田和男教育著作集』を読む

佐貫 浩

花伝社

恵那の戦後教育運動と現代——『石田和男教育著作集』を読む◆目次

第五章　恵那と石田和男の生活綴方のとらえ方　171
――書くことの意味、自分を基盤とした思考、生活の再構成

第六章　坂元忠芳の教育学の展開と恵那の教育実践　214

はじめに　『石田和男教育著作集』発刊の現代的意義

『石田和男教育著作集』発刊の意味

『石田和男教育著作集』が今日において発刊されたことの意味を考えてみたい。

第一に、もちろん、岐阜県恵那地域の戦後教育の豊かな歴史を資料としてきちんと整理し、今後に伝えていくという意味は大きい。半世紀に及ぶ膨大な実践と理論の蓄積は、一定のまとまりを持った遺産として、全国の教育研究者や現場の教師たちに提供されるべきものであると確信する。そしてこの時期を逃すとき、石田和男の著作集の発行は困難であったと今にして思う。編まれるべくして編まれた歴史的な記録であり、日本の教育の貴重な遺産として存在し続けるだろう。装丁においても量感のある『石田和男教育著作集』（花伝社、二〇一七年）として刊行できたことは、日本の戦後の教育史にとっても意義深いものであると確信している。

第二に、しかし戦後日本の教育史に重要な記録が追加されたという意味にとどまらず、『石田和男教育著作集』は、戦後の日本の民主的な教育運動と教育実践の歴史に対して、その独自の視点から、新たな問題提起を付け加えるものであると思う。著作集という形に整理してあらためて体系的に石田と恵那の歩みをたどるとき、その歴史がこの地での抜き差しならない課題との生き死にをかけたほどの苦闘を通して切り拓かれていった個性的なものであることにあらためて思い到る。加えてその個性的な歩みが、戦後民主教育運動の中心的な流れに対する多くの論争、ある意味では対抗を含んで展開していったものであることが見えてくる。それ故に、恵那の戦後教育史から日本の戦後教育史を照射してみることで、多くの論争や多様性をもったより豊かな戦後教育史像を浮かび上がらせることができるのではないかと思う。

第三に、この著作集には、恵那の教育の豊かで独創的な展開を可能とした石田和男の教育の思想と方法が書き込まれている。これを読む者は、石田との対話に誘い込まれる。著作の多くの部分が、大きな課題に直面して苦闘する目の前の教師たちに訴え、ともに困難を切り拓こうと呼びかける場での石田の講演などが占めている。その話しぶりや文体の特徴にも促されて、私たちは、著作集を読むことで、その教育をめぐる歴史の回転場に加わり、石田との対話にひき込まれていく。そしてその過程が、同時に現代の教育課題と向かい合っている私たち自身の教育の思想や方法や認識を再吟味する過程として働く。その内容は、「子どもをつかむ」思想、子どもの「生活実感」へのこだわりの意味、「生活綴方の精神」とは何か、民主主義とは何か、「地域に根ざす」ことの意味、「魂の技師としての教師」論など、教育実践と教育運動、そしてそこに関わる人間の生き方そのものへと広がっていく。それらは、教育の本質についての原点に立ち返れという石田の熱いメッセージとして、今なお、いや今だからこそ、鋭く現代の私たちに訴えかけてくるように思われる。

今、多くの教育関係者に、これから教育の仕事を目指そうとする学生の皆さんにも、この対話に参加してほしいと願う。

恵那と石田和男の教育実践、教育運動の軌跡と思想の特質

最初に、本書で展開しようとする内容について、いわば本書の仮説を提示するような性格において、触れておきたい。

第一に、恵那地域の生活綴方の教育実践と思想は、一地域の多数の教師が戦後の実に半世紀におよんで、その意味と可能性を追求し、非常に意識的かつ集団的に教育実践の中心的な方法と精神として位置づけ、挑戦、吟味、開発し、一九五〇年代と一九七〇-八〇年代における二度の高揚期を生み出した希有な探求の成果であるということである。そしてそのことによって、生活綴方教育がもつ可能性を、最も深く、長期にわたって、教育の全体構造と結合し、科学の獲得と結合して切り拓いた実践と探求となった。石田はそれを、「生活綴方の精神」を貫くこととして強調した。またその教育実践の土台に、その生活綴方の精神の根幹ともなる「子どもをつかむ」方法と思想が貫かれ、発展させられていった。

第二に、そのことと深く結びついているのだが、恵那と石田たちは、いわば戦後民主主義教育の大きな流れに対して、一面でその流れの中に身を置きつつも、同時にその流れに対して、

ときには鋭く批判と対抗の構えを含んで、独自の論理で自分たちの教育実践と教育運動を組み立てようとしてきた。そしてそのような自らの構えと教育実践・教育運動の吟味と組織化についての独自の方法論を貫くことで、戦後の日本の教育実践と教育運動の新しい切り拓きにおいて、全国的な注目を集める先端的な取り組みを行ってきた。そのような大胆な挑戦は、一九五〇年代から八〇年代までの間に顕著なものとして少なくとも七度――①一九五〇年代の生活綴方教育、②一九五七年からの勤評闘争と恵那教育会議の取り組み、③一九六〇年代半ばにおける教育正常化攻撃に対する高度なたたかい、④一九六〇年代後半からの「地肌の教育」の展開、⑤一九七〇年代における恵那の第二次生活綴方教育実践の復興と高揚、⑥一九七〇年代における（全国の）教科研運動の展開との強い結合（科学と教育の結合の方法論に対する鋭い批判の展開、独自の学力論の展開、性教育の切り拓きなど）、⑦中津川革新市政下における地域に根ざす教育の展開――に及んだ。そしてその創造的挑戦の土台には常に、石田たちを核とする教師集団による持続的な探求が貫かれてきた。さらに付け加えれば、それらの新しい創造的挑戦は、当時の日本の民主的教育運動や教育実践の現状に対する深い批判の視点を伴って切り拓かれていった側面をもっていた。恵那の教育運動の展開は、一面で戦後民主教育の流れの一環でありつつも、同時にその批判としてのもう一つの戦後教育史としての独自性、個性をもつものとなったのである。だからこそ、恵那の戦後教育史の体系的把握は、日本の戦後教育史を、一定の批判をも含んで逆照射する可能性をもっているのである。

第三に、教育実践と教育運動の土台に、生活綴方の方法から学んだ民主主義についての独自の捉え方が貫かれていた。それは一人ひとりの内面の真実に依拠し、それを表現し合い、一人ひとりの主体的な成長を通して、深く広い合意を作り出していくという共同の方法論といってもよい。それは生活綴方実践において恵那の教師たちが獲得した子ども観と一体のものでもあった。勤評闘争はそういう民主主義を教師の間に意識的に広げていく取り組み（「自由論議」の取り組み）として進められた。恵那の地域に教育を巡る合意を創り出す方法論においても、その民主主義が追求されていった。恵那教育会議は地域における教育的合意をいかに創り出すかに関わる教育の自由、そのための地域教育行政の民主主義を創り出す挑戦であった。教職員集団の合意の形成もまた、「自由論議」を経た活発な議論と研究的協議によって創り出されていった。その結果、地域の教職員の過半数にも達する多くの教師が参加する地域教育運動を、実に半世紀近くにわたって積み上げていったのである。

第四に、そのことをいかに正確に表現すべきか、迷いつつ述べるが、恵那の教育実践と教育運動には、真に深い意味での教育の政治性の探究が一貫して挑戦されていた。それは、徹底した教育的価値と民主主義を貫く教育によって、地域の課題、社会の課題、歴史の課題をわがこととして担う主体を育てる教育を探究することを意味している。恵那の教育実践と教育運動を担った中核には、地域と日本の政治の民主主義的変革を求める強い意志を持った教職員集団が強固に組織されていた。戦後の教育運動の現実態に即してみるとき、そのことは時として、性急な政治主義的教化の教育への偏向という誤りをも伴うことがあったと言ってよい。恵那の教師たちは、生活綴方的民主主義に学びつつ、民主主義を教育実践と教育運動に貫き、同時に徹底して教育の本質に即した教育方法を探究することによって、その困難を突破しようとした。そして、もっとも深い意味での教育の本質として存在する教育の政治性とは、子ども自身がどう生きるかを自ら切り拓いていく主体性の形成の過程において、社会との関わりのありようとして子どもたち自身が自分の生き方として、獲得していくほかないものとして捉えようとした。それは子どもを生活の主体、地域の主体として育てることとほとんど同義であり、そのためには生活と地域を見つめさせるために書かせるという生活綴方の精神に依拠した教育に取り組むことが不可欠であると考えていった。またそのためには、教育が地域に根ざすこと、教育行政が学校教育を住民自治と教師の専門性に依拠して進めるものへと組み替えることが不可欠であると考え、中津川革新市政下における地域に根ざす民主的教育行政の探求に果敢に挑戦していった。だからこそ、恵那の教育は、保守的な県や国の政治権力、教育行政からは、彼らの意図する教育を拒否する教育運動として、徹底した批判と攻撃の対象とされることとなった。

第五に、恵那の教育実践の探究は、「子どもをつかむ」という方法論の深さ故に、現代の学校教育がもつ根本的な矛盾に、非常に早い時期から自覚的に挑戦し、その中で、二一世紀の今日において私たちが直面している学校教育実践と教育学の課題に近づいていったのではないかと思われる。石田たちがそういう視角で教育の現状を意識的に把握するようになった一つの契機は、科学と教育の結合の論理のいわば科学主義的な把握に対する批判を一九六〇年代半ばに開始したことであった。もう一つは、それと結びついて、生活綴方の継承をめぐって全国的な議論が起こり（日本作文の会の一九六二年の方針転換があった）、恵那の独自の生活綴方の把握が明確にされていったことであった。これらの問題に対する批判の理論と実践の探求が、一九六〇年代の半ばから起動していく。それは、①「子どものつかみなおし」と「豆学校」の取り組み、②「地肌の教育」の探求、③七〇年代初めの生活綴方の意識的な復興、として集中的な議論と試行錯誤が始められていった。この七〇年前後は、日本の学校教育が受験学力競争の歪みに大きく飲み込まれる時期であった。科学の学習が、受験に役に立つ「正解」の記憶へと矮小化され、また子どもの生活それ自体からよりよい生き方の探求に向かう主体形成の契機が失われ、教育の場に組織される学力競争が子どもを追い立てるという学校教育それ自体の病理——それはある意味で、ポストモダンにおける知と学校システムの病理化現象の始まりであった——が、噴出し始める時期であった。「分かることと生きることを結びつける」という論理や、「教科に生活をくぐらせる」、「生活綴方は、経験を意味的に再構成する（営み）」という論理、「子どもが自分自身をつかめるようになることを介してこそ教師は子どもをつかむことができる」等々の論理が、より深く探求されていく。しかし子どもをめぐる事態の困難と矛盾は、その教育実践の苦闘をも上回るほどに深化していく。七〇年代から恵那の教育に深く関与してきた坂元忠芳は、このポストモダン的な教育矛盾の深化に対する抵抗と主体形成への挑戦として恵那の教育をとらえ、恵那の教育実践の苦闘への伴奏者となっていった。坂元はその流れの中で、教育における学力と人格の結合と分断の様相をとらえようとし、物象化が及ぼす認識と人格関係の疎外の問題、そして情動が衝動的暴力の爆発へとつながる困難な事態をとらえる新たな教育理論と教育方法の探求へと踏み出していく。本書では第六章で、恵那の実践と坂元忠芳の教育学の探究との関係を捉える試みを付した。

およそ以上のような視角に立って、石田と恵那の理論と実践の特質を明らかにすることが本書の目標である。

扱う資料の表記について

石田の著作については、主に『石田和男教育著作集』から引用を行う。表記は（著作集第○巻、○頁）とする。著作集以外からの引用については、記述を簡略化するために、以下の文献に対しては略記を用いる。それ以外の引用については、通常の表記で注記する。発行年数などは必要に応じて付記する。

（1）『1945年-1999年「恵那の教育」資料集』1-3巻、「恵那の教育」資料集編集委員会編、桐書房、二〇〇〇年四月発行→『「恵那の教育」資料集』○頁（3巻通しの頁となっている）。

（2）『「教師の友」夜学記録』一九八九年四月①～一九九二年五月㉗、恵那教育研究所所蔵

↓『夜学記録』№○、○○○○年（なお、『夜学』講義ではペンネームで記録されているが、すべて石田名で扱う）。『夜学記録』は、『教師の友』が全巻復刻された中で、石田がこれをテキストにして、戦後の恵那の教育運動を『教師の友』の議論とどういう関係を持ちつつ展開してきたのかを中心に、反省を含んで回想的講演に基づく学習会として三年間、全二七回にわたって行われたものの記録である。

（3）『恵那の生活綴方教育（生活綴方教育：恵那の子：別巻）』生活綴方：恵那の子編集委員会編、株式会社草土文化発行、一九八二年↓『恵那の子・別巻』○頁。

（4）東濃民主教育研究会編・発行『人間・生活・教育』№1〜№51↓『人間・生活・教育』○号、○○○○年○頁。

（5）『恵那教育研究所夏期集中講座記録集』第1年度（一九八九年）〜第3年度（一九九一年）恵那教育研究所所蔵↓『夏期集中講座』○○○○年○頁。

（6）『教師の友』一九五〇年一二月号〜一九六三年三月号。一九八八年、復刻版（桐書房）↓『教師の友』○○年○月号、○頁（元の雑誌の頁数）。

序章　恵那の戦後教育運動の展開と戦後日本の教育学

石田和男と恵那の戦後の教育運動と教育実践、教育学についての認識は、日本の戦後教育史を考える上でも大きな意味を持っている。

この序章では、『石田和男教育著作集』（全四巻）を通して記録された恵那地域と石田和男の教育実践・運動、理論活動の特徴を、戦後日本の教育史において、いかなる位置を占めるものであるかという視点から、明らかにしてみたい。

1　新教育への対応と五〇年代の生活綴方教育――『山びこ学校』との対比で

(1) 戦後直後の恵那における教育実践の展開

恵那の戦後初期の教育実践と教育運動は、戦争反省、東京の四谷第六小（石橋勝治）等の生徒自治会の取り組み、社会科コア・カリキュラム運動、地域教育計画運動など、実に多彩に全国的な動きを学び、実践したものであった。当時の全国的な経験の摂取は、戦後初期から急速に恵那の地に広まっていった政治的革新を担おうとする若い教師たちの精力的な学習によるものであった。その点で恵那の戦後教育は、その出発点から広く全国的な多様な試みに学び、触発されたものであった。当時の恵那の教育の中心にいた丸山雅巳は当時の状況を、一九四七年から四九年頃においては、「新教育派と基礎学力派」があったと述べている（『「恵那の教育」資料集』198頁）。この時点ではまだ生活綴方教育は始められていなかった。

石田の実践は、生徒自治会の活動から始まっている。その生徒自治会の実践は、当時の政治革新運動の急進的な性格が背景にあったと思われる。石田らは試行錯誤し、「反省」と一定の「転換」を経て、生活綴方教育に取り組んでいく。

自治会活動実践は、町当局に対する要求行動を組織するというような政治運動的手法をも伴っていた。しかし、戦後の「反動化」が進行し、進歩的教師に対するレッド・パージなどが始まっていく。[注1]そういう情勢の中で、性急な自治的要求行動に向けて子どもを動かすのではなく、深く子どもの認識を育てる教育実践を生み出していかなければならないという反省と転換が進められた。その反省的経験は、次のような形で、教育における政治主義の克服という方向をともなって、その後の教育実践や教育運動に生かされていく。

「……教育実践の中でのいわば政治主義との闘争という問題になるわけです。教育実践を階級的な視点で、今日でいえば国民的な視点でどのように正確にとらえるかという問題と、教育実践そのものが政治の手段になっていくようなものとは違うのだという問題なのです。……『愛される綴方』か『闘う綴方』かというようなことで、闘うことのみが綴方なのだという言い方の中では、その闘うということは何であったかというと、それは政治的に闘う意味を持つわけですから、子どもの認識だとか、人間性が豊かになるというふうな部分の闘いの内容じゃなくて、いかに綴方が直接的に政治に打撃を与えるような結果をもたらすべきかというような視点になるわけですから……」

「教師も地域人民闘争の主役になって闘うべきなんだというふうに考えておられた人たちも、当時この恵那地域にはあったわけです。それに対して地域人民闘争を否定するわけじゃないけれども、教師の第一義的任務は教育実践なのだ。したがって、うんと端的な言い方をすると、教育実践の上で生活綴方というものをうんと重視しなきゃいかんというようなことをいう派と二つあったわけです。……」（『夜学記録』⑪、石田和男「戦後10年と日本の民主主義教育・運動の総括的問題の提示」一九九〇年四月、傍点引用者、10-12頁）

石田はよく、「子どものなかに政治をつかむ」、「子どもの中に情勢をつかむ」というが、これは政治的な状況がどんな子どもの成長の課題を創り出し、教育実践におけるどういう教育価値の追求の課題が生まれているかをつかむことなしには、教育がもっている最も深い政治的な性格の把握、それに沿った教育実践の本格的な創造を実現することはできないのだという主張である。「子どものなかに政治をつかむ」とは、政治主義的偏向へと傾斜する言葉ではなく、政治主義の克服のための最も基本的な視点として提起されたものと理解する必要がある。

（2）生活綴方教育との出会いによる教育観の変化

石田らは、精力的に生活綴方教育を進め、五〇年代の生活綴方教育の大きな高まりを創り出した。当時、恵那と無着成恭の『山びこ学校』の実践とが、生活綴方教育実践の典型と呼ばれることになった。恵那の生活綴方の会に参加する教師たちは三〇〇名を超え、文字どおり、地域ぐるみの取り組みを展開した。そして一九五二年には、石田は『夜明けの子ら』（春秋社）を出版し、同時に恵那の教師達の綴方実践記録『恵那の子ども』（百合出版社）も発行された。

石田は、生活綴方との出会いによって、教育観を大きく転換していく。石田自身のあとでの振り返りでは次のようにも記している。

「私はこの生活綴方にふれて、なんとすばらしい教育の世界があるのかということを知り、それではじめて、子どもたちが自分でものをみるということ、それを支えることが教育なんだ、詰め込むことではないのだ、いくらいいことをやっても子ども自身が発見することがなければ教育ではないんだ、ということを痛いほど知ったんです。」（『対談　若月俊一＋石田和男　人間・医師・教師』あゆみ出版、一九八三年、25頁）

それは、教育の働きかけの核心を、子どもが自分で物事を見つめ、切り拓く方向を子どもも自身が見いだすことにおくという視点であり、そしてそれを子どもは必ず成し遂げるという深い子どもへの信頼をともなったものであった。石田はそれを「子どもをつかむ」方法と思想として、全教育活動を貫いて練り上げていく。

恵那の生活綴方教育実践の特質は、戦後初期の生活綴方の二大拠点として対比された山形の無着成恭の実践（『山びこ学校』）との比較によって示すことができるように思われる。

第一に、無着の実践は、ほとんど農業と林業の村の中学校で行われた。それに対して恵那は、農業にとどまらず資本と労働の階級的対抗の現れとしての労働組合運動も展開する数万の人口を持つ地域であった。当時の日本の農村は急速な高度経済成長の流れに巻き込まれ、「村を捨てる学力」（東井義雄）の教育へと向かわされる傾向が強まったが、そのような困難が強まる中で、無着の教育実践は、科学主義的傾向を強め、結果として無着は農村から「脱出」していく。しかし恵那は、単なる農業の近代化、民主化の課題に止まらず、日本の独占資本主義との対抗が直接に地域において目に見える形で争われる地域でもあった。また三〇〇人にも及ぶ綴方教師は、集団としてみれば、恵那という地域に生きるほかないという意味で「脱出不可能」であり、背水の陣を敷いて地域の課題に取り組む構えを持っていた。そのため、恵那の生活綴方教育運動は、生活綴方の『方法論」と「精神」に立って教育を改革していこうとする地域教育運動へと展開していった。その結果、生活綴方が秘めていた教育思想（生活綴方の精神）の可能性が、およそ一九五〇～八〇年代の四〇年間にわたって探求され切り拓かれていくという、希有な展開をすることとなった。

第二に、生活綴方教育運動は戦前においても、天皇制権力の支配への抵抗運動として進められた側面をもっている。しかしそれは、厳しい政治状況の下で、その理念や運動の全体像を追求しきれないままに抑圧されていった。それに対して、恵那の地において、戦後の新たな教育の自由が展開する条件の下で、地域の民主的変革と深く結びついて生活綴方教育の理念が長期にわたって系統的に探求され、究明されていった。しかもその中で、生活綴方はほぼ一貫して、民主主義的な生活と政治の主体をいかにこの地域に育てるかという目標の下に探求された。それは決して生活綴方が政治主義的に把握されたということではなく、地域に生きる主体を育てる方法論として彫琢されてきたことを意味している。そしてその結果、生活綴方の持つ哲学や科学についての思想や方法に及んで教育のあり方が探求されることとなった。無着の挑戦は、一九五〇年代に留まったが、恵那や石田の生活綴方教育への挑戦は、半世紀近くにわたる民主主義的な社会と人間形成への挑戦として継続されたのである。

第三に、生活綴方と科学との関係の把握が、恵那と無着では異なっていた。石田は、生活認識を高めることと科学的認識の形成とを、絶えず両輪のように課題化していた。「生活認識」から「科学的認識」へというベクトルだけではなく、「科学的認識」の獲得によって「生活認識」を高めるというベクトルを弁証法的に統一して把握しようとした。この視点は、一九六〇年代の日本の教育に出現した一面的な科学主義、教科主義を批判する力となった。無着の場合には、生活認識と科学的認識の形成の間を大きく揺れ動き、最後は自分自身が行ってきた生活綴方教育を否定的に総括する面をもった。(注2) 石田には、科学の習得は、生活綴方の精神に立って組織されなければならないとする一貫した教育観があった。だから、それらのどちらかへの一面化について、石田はいわば嗅覚を働かせるようにして、素早くその一面化を批判する立ち位置をとった。石田は、生活認識を切り拓き自主的な生活主体を育てるためにこそ、徹底して科学的な認識を子どものなかに切り拓くことにこだわり、そのための科学はどのような性格をもたなければならないかを探究し続けた。さらに、その高みにおいてあらたな生活認識が切り拓かれなければならないという点にも徹底してこだわり続けた。石田はそれを生活綴方の精神として把握した。そういう構造的な教育学認識の中に生活綴方の精神を捉えた故に、恵那の生活綴方教育実践は、知や科学の教育の方法に関する教育学的探求へとつながり、一九七〇—八〇年代における学力論、教育課程論の豊かな展開を生み出していった。

2　恵那勤評闘争と恵那教育会議

恵那地域における勤務評定反対闘争（勤評闘争）は、日本の戦後教育運動における新たな教育の自由の認識を生み出す性格をもつものとなった。

私は日本各地で多様に展開された勤評闘争を以下のような三つの類型で区分している。（注3）

①労働組合による統一闘争型＝当時の日教組主流派の闘争方針。それは勤評を差別による教師統制の制度と捉え、労働者階級、具体的には労働組合の広い連帯を中心にしてたたかうという視点が強かった。教育問題というよりも労働者の権利の問題としての把握が強かった。もちろん、「教え子を再び戦場に送るな」という広範な意識がその背景にあったことも事実である。

②地域の政治的な民主主義的統一戦線型＝高知県、和歌山県、京都府、群馬県など、労農同盟を核として、地域の民主主義的統一戦線を構築してたたかうという方針。共産党系主流のたたかいの方針であったといってよい。これらの地域では、地域に政治革新の民主主義的統一戦線を構築していくという戦略の中で、勤評闘争が位置づけられていた。しかし闘いの展開の中で教職員組合は、地域の政治闘争の組織者としての役割をも担いつつ、地域にある教育の課題にも深く触れ、勤評の教育問題としての本質が深く掘り起こされ、教師の労働者としての権利に止まらず、教育の自由の問題、教育の軍国主義化、政府による教育統制を打ち破る教育制度の探求という方向へ運動が展開していった。これらの地では、この勤評闘争を一つの契機として地域的な政治課題をめぐる民主主義的統一戦線が発展していく。またこの闘いは、その統一戦線の中における教育運動の独自のありようについての豊かな実践と理論を創り出し、六〇年代に

おける「地域に根ざす教育運動」の有力な流れを創り出した。そして国民教育研究所と上原専禄のイニシャティブによる教育の「地域研究」（民研6県研究等）の対象となっていった。[注4]

③**教育の自由を守る教育統一戦線型＝恵那の勤評闘争がこの形を取った。**その特徴は以下のような点にあると把握できる。

第一に、勤評闘争は、単に教師の賃金差別（労働者を差別する勤評）に止まらず、教育の自由を奪おうとする攻撃であるから、これに対する闘いは、この地域の教育の自由を高める方向で展開される必要がある。

第二に、とするならば、守り推進すべき「教育の自由」とは何かについて明確にするため、父母・住民との間でどんな教育を望むのかについての合意を再度形成しなおす必要がある。恵那の地に深く展開された生活綴方教育の成果などを踏まえ、教師は、親・住民との教育をめぐる合意運動（父母の中へ）をこの勤評闘争の土台に組織しなければならない。

第三に、教育の自由の主体は、親・住民（ＰＴＡ）を核として、教育を直接担う教師（教職員組合）、そして学校に責任を負う校長（校長会）、そして地教委（地域の学校に責任を負う教育委員会）――すなわち教育に直接関わる当事者（四者）である。この四者の教育についての合意によって、恵那の地の教育の自由を守るという戦略が採用された。

第四に、この四者の教育の自由のための結合は、教職員による父母との深い結合の組織化、教職員組合と校長会との共同、ＰＴＡと校長会と教職員組合の繋がりの形成を土台として教育委員会が地域の教育の自由に責任を負うような体制を構築することによって可能となると把握された。勤評闘争は、そういう結合を地域に作り出すたたかいとして進められ、その中で、恵那教育会議が結成されていった。

第五に、恵那の地の勤評闘争は、したがって憲法・教育基本法のいう教育の自由――国民(住民)に直接責任を負う教育行政(住民自治に立った教育委員会)とそれを支える地域の教育の自由の合意の仕組み(恵那教育会議)を確立するたたかいとして自覚的に展開されていった。

第六に、勤評反対の全国統一闘争は、地域の教育の自由を高めるための、その地域に適合した闘いの展開が、全国的に連帯・連携するものとして進められるべきで、画一的な戦術を押しつけて地域や職場で教員組合の運動が孤立し、その地域の教育の自由が後退していくような結果をもたらさないようにする必要がある。

第七に、労働組合などは、その組織としての連帯の闘いを進めると共に、そのメンバーの一人ひとりが親あるいは住民としての立場から、教育の自由を守る働きかけを強め、地域の教育の自由を守る力を高めるために努力する必要がある。

三つの類型は、およそ以上のように区分けされると思われる。もちろんその土台には、「教え子を再び戦場に送るな」という戦争反省と結びついた思いが共通のものとしてあった。しかし、第一の組合主義的な闘い方は、権力と組合(日教組)との闘いという様相が強まる中では、勤評反対闘争を国民の間から孤立させていく傾向を生み出し、教員組合が切り崩されていく結果をもたらした地域もあった。第二の地域統一戦線型は、特にその典型であった高知、和歌山、京都などにおいて、民主教育を守る政治的な統一の力を蓄え、その後の六〇年代において、地域教育運動の新たな展開をも生み出していった。第三の形を取った恵那の地では、教育会議という、非常に特徴的な教育の自由の組織を生み出した。

恵那では、その運動の展開の中で、たたかいの基本理念と憲法・教育基本法の教育の自由、教育の住民自治、教育の「直接責任性」の理念とが深く繋がっていった。恵那勤評闘争のなかでの憲法・一九四七年教基法の教育の自由の理念への気づき、発見は、先駆的であった。日本でそういった認識が明確に理論化されたのは、国民の教育権論によってであった。堀尾輝久は恵那の勤評闘争を、国民の教育権論の一つのモデルとして把握したと思われる。(注5)その意味で、恵那の勤評闘争は国民の教育権論の思想を胚胎したたたかいとなったということができる。

一九五〇年代の階級意識を持った民主運動が、労農同盟を核とした民主主義的統一戦線の思想を中心的な理念として掲げていた中で、恵那の勤評闘争は、憲法・一九四七年教基法の民主主義に依拠した親、住民、教師の教育の自由を守る民主主義的統一を基本として進められた。石田たちは、この民主主義の理念に立つ運動においては、「親」(「市民」)が、憲法的権利の行使者としての立ち位置で教育の民主主義的変革を担い、労働者階級は、そのような国民的民主主義を先頭に立って担い実現すべきものと把握したのであった。もちろんその選択は、勤評闘争の第二の類型、政治的な民主主義的統一戦線の形成という戦略に対して単純に反対するというものではなく、恵那の地域の民主主義的なたたかいの実情、条件に照らして慎重に選び取られた戦術と戦略であったと把握すべきものであろう。しかしその選択の故に、恵那の勤評闘争は、戦後の憲法・教育基本法体制の民主主義の可能性に依拠して、地域に教育の民主主義的な仕組みを制度化するという、先駆的な教育運動となった。

同時に、勤評闘争において石田たちは、組合運動の民主主義を徹底して追求する「自由論議」を実践した。民主主義を価値として追求する運動は、同時にその運動内部における徹底した民主主義を不可欠とする。この視点をこれほどに自覚した取り組みは、当時にあっては稀有なものであった。

これらの点で恵那の勤評闘争は、個性的で創造的であり、日本の戦後の教育運動の新たな地平を切り拓く質をもつものであった。

3　恵那教科研活動への反省と批判、生活綴方教育の捉え方をめぐる論争

東濃民主教育研究会の発足は一九六六年であった。その一年ほど前から石田は、新たな視点に立った理論的探求を展開する。勤評や学テ、そして岐阜県では教育正常化という名の組合破壊攻撃などによって、教育と子どもの大きな変化、困難が生まれていた。石田らは、その事態

に対処し得ない教育実践の弱さの克服に取り組もうとした。そこでの批判の対象は、恵那の教育実践が陥っていた科学主義的な弱点にあった。その指摘は次のようなものであった（「当地域における戦後の民主教育運動と現代の課題」一九六六年八月、著作集第二巻、論文13参照）。

①「学力攻撃」や全国教科研運動の影響もあって、「すべての子どもに未来を担う実力を」という視点が、「教科指導」による「正しい知識」の獲得へと一面化されていった。

②その結果、子どもを未来へ向けて「科学的な世界観の基礎」を教えるという形で、知識を獲得させる方法が一面的に強調され、教育研究（教育科学の探究）の中心は、教科の「科学的系統案」の作成、教科の研究に一面化していった。

③それは、「到達度評価」を重視し、その「到達度へ向けてのテスト」という方法が教師の仕事の重点となる傾向を生み出した。「どんな人間を作っていくのかという問題が、どういう学力をという問題だけで、実際には人間そのものの追求と、教育の基調というものがどこかへ放られながら、どれだけの学力をつけていくかという問題としてのみ論点がはっきりされてくるという問題」が生まれた。

④生活綴方教育で探求してきた生活認識と科学的認識との弁証法的な関係、徹底的に生活に立脚し、表現という形で新しい生活認識を切り拓く生活綴方の精神や、「子どもをつかむ」という教育の方法もまた失われていった。

⑤その結果、生活綴方教育の下で統一的に把握されていた科学（教科）の教育と生き方の指導が、〈教科指導〉と「生活姿勢」形成の〈生活指導〉とに分裂し、前者は「教科主義化」し、後者は「規範主義化」するという一面化が引き起こされていった。
⑥そのため、高度成長下で激しく変貌する地域や子どもの現実から教育課題や教育課程が切り離され、子どもが「つかめ」ず、教育実践の力が弱まっていった。

このような弱点を分析・批判しつつ、石田らは改めて、生活綴方の精神の復権、徹底した生活現実の直視と、「子どものつかみ直し」、科学の質の再吟味に挑戦していく。

石田の一つの批判は、小川太郎の「生活綴方的教育方法」の問題点に対するものであった。小川は当時、生活綴方の認識が「科学的な認識の基礎を作り、科学的認識への上昇の道を整えるのである」と述べつつ、しかし生活綴方の認識は「関係と変化を現象的にとらえる」「悟性的」認識であり、「現象としての事実の関係と変化は、法則によって貫かれている。そして認識は、じつはこの法則の認識にまで進まなければ、真実の認識とは言えない」、はたして「生活綴方によって深められる認識は、そこまでリアルになり得るであろうか」と疑問を提示し、「率直に言って私の考えは否定的である」と述べ、「綴方からのある飛躍」、「社会科学の体系的で理論的な認識への飛躍」を強調していた。（注6）

生活認識がそれだけで科学的認識を生みだすというような観念論への批判としては小川の主

張は妥当だとしても、小川理論は、当時の認識論がもっていた認識の段階論的把握を生活綴方の認識論に適用することで、生活綴方の認識が科学的認識の生活化、主体化に果たす役割を正当に位置づける点で弱点をかかえ、生活綴方的教育方法という概念を一面的にしたと考えられる。石田は次のようにその考えを批判していた。

「たしかに五〇年代に、感性的認識から理性的認識へと、毛沢東の『実践論』が入ってきたあたりでも生活綴方が全部感性的認識の側に位置づけられて、これにたいして教科で理性的認識をという問題が出たことがあったけれども、ある意味でいえば、生活そのものに対するすごい高い認識がなければ綴方にならんと思うんです。と同時に、教科なら教科のなかで子どもたちがつかんでいくさまざまな科学の認識も、生活の基礎がなかったら丸暗記にしかならない。認識にならない。その意味でいうと、綴方は感性的認識で、教科は科学的認識だというふうにはいえない。同じ性質のものをもっているんじゃないだろうか。(注7)」

石田と恵那の教育運動は、この批判意識を、六〇年代後半から七〇年代において、恵那の地における生活認識と科学的認識を統一する教育実践の切り拓きによって、より明確な教育学認識として展開していくこととなった。恵那の地における七〇年代から八〇年代の生活綴方教育実践、学力形成の実践は、教育と科学と生活の新たな結合の理論と実践を切り拓く挑戦として本格的に展開していく。

日本作文の会が、いわゆる「六二年方針」で生活指導的側面を切り捨てようとしたことについて、城丸章夫は、「『生活綴方的教育方法論』には、見方・考え方とは異なる独自性を持つものとしての行動の指導の独自性がとらえられていない。これは、『生活綴方的教育方法』という当時の整理の決定的な弱点である。」（傍点は引用者）[注8]と指摘しつつ、教科指導とは別の自治の指導としての生活指導の独自の教育（全生研的な自治的生活指導実践）が立てられなければならないと主張した。また、生活綴方教育はそのことに意図的に消極的、あるいは軽視しており、生活綴方だけでは契約によって成り立つ公的な市民社会の形成に意識的に取り組むことができないと批判した。しかし石田の場合は、「六二年方針」への批判においては城丸と認識を同じくする部分を含みつつも、自己の生活を対象化し、生活を書き綴ることによる自己の生活意識のつくりかえという方法――書くことそれ自身がもつ自己の生活の対象化、自己の生活の再構成という生活綴方の固有の方法的価値――を土台におくことこそ、教科指導と生活指導を統一的に遂行する方法だと主張するのである。だから石田は、城丸の批判とは異なって、書くことを通しての子どもの生活そのものの意識化と切り拓きの指導が、生活綴方による生活指導の方法的特質であるという視点から批判を展開し、生活綴方という固有の方法の継承を主張するものであった。だからこそ、恵那と石田たちの日作の方針転換への批判の実践的帰結は、一つは、七〇年代における生活綴方教育そのものの復興という形を取ることとなったのであり、もう一つは、生活綴方を土台とする生活の指導を深く組織しつつ、生活に根付いた学力のあり方、教科学習の新しい展開による生活意識を基盤とした科学的認識の形成を探究することへと向かったのである。そしてそのようなとらえ方は「生活綴方の精神」の継承、発展として認識されていった。

以上のような批判と反省は、一九五〇年代後半から六〇年代にかけての恵那教科研の実践や理論についての反省と批判とも深く結びき、さらに当時の全国教科研（教育科学研究会）の理論に対する批判とも結びついていた。

その批判を明確な主張として石田が述べたのは、一九六六年八月の恵那民教研第一回夏季研究集会の「基調報告」（「当地域における戦後の民主教育運動と現代の課題」著作集第二巻、論文13）であった。そこには七〇年代に本格的に練り上げられていく〈子ども把握〉〈科学〉〈表現〉〈生活〉〈学力〉などの基本概念が提起され、「生活綴方教育というものを今再び私たちは新しい形で問題にしていく必要がある」との提起もされ、一九七〇年代における恵那の第二期生活綴方教育の復興期への転換の出発点の論文となっている。全国教科研が、一面的な科学と教育の結合論への批判についての議論を始めるのは一九六〇年代の末であり、（注9）石田と恵那によるこの批判は、その点でも先駆的であった。

その教育学認識は、七〇年代における教育科学研究会の中心的な担い手の一人であった坂元忠芳の学力論、教育実践論とも深く結びついたものとなっていった。

4 「地肌の教育」の提起の教育学意識

科学主義、教科主義、子ども把握の欠落に挑戦しようとして石田らが一九六〇年代半ばから提起したのは、「地肌の教育」と呼ばれる教育実践の論理であった。その理論的核心は、以下の点にあった。

第一に、子どもたちの人格の変貌をトータルに把握しようとする努力であった。石田らは、「4本足の鶏」を描く子どもや「ネギを知らない子ども」などにみられる地域の変貌の中に、単に生活経験の不足、切断に止まらず、子どもの人格の構造的変化を読み取った。そして人格の核心に何が起こっているのかをとらえようとした。そして人格と世界が接触し関係を作るその接面として人間の「地肌」に注目し、「地肌」概念を深めようとした。その地肌には、人格が世界と交渉する際に表れるその人格の性向（disposition）が表出される。それを石田は、値打ちの意識、価値意識、本音、等々の多様な言葉を使いながらとらえようとした。そして子どもがこの地肌を磨くこと、すなわち人格の核心を再構築し、物事の値打ちや価値の意識を再構成し、世界と他者に働きかけていく能動性を回復し、主体的に現実と向き合っていく際のいわば人格の能動的な湧出しともいうべきものを生み出すことを、地肌を磨き、輝かせることと捉えようとした。

第二に、そのこととも関わって、石田たちは子どもを丸ごとつかむことを重視した。恵那教科研時代のように、個々の学力という要素を獲得させ、その個々の要素の到達度で子どもの学力を評価し、個々の科学についての認識の集合がいわば自動的に人格の能動性や主体性を構成すると捉えるのではなく、生活に向かう主体者としての人格という統一体として、子どもを丸ごと把握するという視点である。それは、生活綴方の子ども把握の方法論の意識的な継承であった。一九五〇年代の子ども把握との決定的な違いは、子どもの生活意識が希薄化し、競争を価値として生きる受験体制に囲まれ、主体性を奪われるという変化——支配の方法が、子どもの人格の構造を大きく組み替え、主体性の剥奪を刻み込みつつあるという困難の展開——のなかで、その人格構造自体の批判的組み替えという課題に挑戦しなければならないという点にあった。そのためには人格を構成している諸要素とその結合様式にまで降りて、主体性を再度構築するという教育の方法が必要となる。その自覚は、六〇年代の日本の教育実践とそれを支える教育理論の多くが、科学主義的傾向を強めたことによって人格というものの統一的なありようへの関心を薄めていく事態にたいする鋭い批判意識を伴っていた。

第三に、教育実践としてみるとき、知識・科学の学習について、それを人格とどう統合するかという課題が強く意識された。すなわち、「地肌の教育」は、子どもの生活実感や生活認識を高め、その高められた意識に依拠して科学的知識の習得とその「つくりかえ」を行い、知識を自らのものとする新しい学習方法を見いだす実践と理論として推進された。この点は、石田の生活認識と科学的認識の統一、そして生活形成と科学の学習との不可分性についての一貫した思想のあらたな展開であり、七〇年代における恵那と石田の学力論、さらに「私の教育課程づくり」論へとつながっていく。

第四に、「地肌の教育」で、石田は「価値」の問題を重視した。人格の軸心において形成されるべき価値の意識の形成こそが、目的意識や主体性の回復のために中心的課題となると考えたのである。人格を問題にするということは、その人格の主体性、能動性を規定するその中核にある価値の意識を、子ども自身が意識的にとらえ直し、再構成し、新しい生き方を主体的に探求するように働きかけることを意味するものとして把握した。この価値の意識の再構成を教育学の方法へと引き寄せて把握するために、石田たちは、「地肌の教育」では「子どもの行動の基準となっている価値観をくだく」、「体制に順応している子どもをバラバラにする」、「人間としての値打ちを子ども自身が自分のものとしてかたちづくる」、「それぞれの子どもに〝立場〟をはっきりともたせる」等の議論を重ねつつ、試行錯誤を続けていった。

石田自身の文章ではないが、次のような「地肌の教育」の提起を読み返すとき、そこに、子どもの人格の核心に対して働きかけようとする強い思いを読み取ることができる。

「子どもの古い価値観を非人間的なものと（して─引用者注）子どもがみずから打ちくだ

きそこからぬけ出すことをたすけ、〝人間としてのねうち〟〝人間的なもの〟を子ども自身が自分のものとして——新しい価値観——をかたちづくるように導くことです」。「既成の概念をうちくだきながら真に人間として行動しはじめた——地肌を出しはじめた——子どもに生活をみつめさせ自分をありのままに表現させる、表現による教育を新しい民主的教育の方法として地肌の教育では重視しています。(注10)」

それは決して特定の価値観を外からあてがう教育を意味するものではない。それは日本社会では、七〇年代後半から本格的な課題として認識されるようになっていった後期近代(ポストモダン)における知や科学の人格との乖離、物象化や商品化による社会認識の変容、人格の内部に入り込んで意識を操作し主体性をも操作する社会の諸関係の高度な展開の中で、認識を変容させる物象化や競争などの磁場による縛りを越えて、いかに人間の主体性を取り戻すのかという挑戦とみることができる。それは、子どもが自らの生活の事実に立脚して、自分の価値観やねうちの意識を問い直し、自らの生活の事実の中に意味あるものを発見し、その意味あるものを軸にして、自分の生きる意味や目的、行動の意味を編み直し、自分の生き方として再構成していくことを目指したものであった。

しかし、この価値観の形成と作り替えという論理を正面に据えた理論展開——現場教師にとってはいくぶんか抽象的でもあったと思われる——は、その論理についての誤解や単純化を招く危うさをも含む面があったと思われる。その面の検討をも含んで、「地肌の教育」の論理は、「生活に根ざし、生活を変革する教育」へと発展的に展開されていくことになる。そのなかで、「立場」とは、地域に生きる主体的な構えとして、また憲法・一九四七年教育基本法の価値理念として、発展的に展開されていった。そしてその教育実践の土台に、生活綴方を復興することが呼びかけられたのである。

5　七〇年代の恵那の教育実践と運動の到達点

(1) 生活綴方教育の復興の意味

恵那では、一九七〇年代に生活綴方教育が復興され、その成果は丹羽徳子を初めとする多くの教師たちの生活綴方教育実践として結晶し、『生活綴方：恵那の子』（全8巻9冊、一九八一―八二年発行、草土文化）などで全国にも紹介されていった。それはある意味、「特異」とも言いうる現象であった。

第一に、それは、当時の教育研究運動の中心的組織である恵那教科研を東濃民教研へ組み替え、教科研運動についての批判的総括をし、教育についての考えや方法をダイナミックに転換する論争を組織し、まさに地域ぐるみで生活綴方教育を再発見していく、およそ五年間をかけての非常に意識的な教育運動と教育実践の「転換」によって実現された生活綴方教育の「復

興」であった。〈補注〉

〈補注〉そのような性格の「転換」を可能にしたのは、東濃民教研が、各学校に班形式で組織され、全体としては地域の過半数の教職員がそこに結集しており、東濃民教研の方針や議論がこの班を介して各学校に持ち込まれ、学校をどうするかという議論がいわば一斉に組織されていったという教育運動組織論とそれを可能にした地域教育運動の体制の存在が大きい。

第二に、単に生活綴方に興味をもつ一部の生活綴方教師の実践としてではなく、この恵那地域が直面した教育運動と教育実践の課題を達成していくための不可欠な取り組みとして位置づけられたものであった。一九七〇年代の教育実践と教育運動が直面した時代的課題、子どもの課題と取り組む中心的な教育方法として、民教研に参加する地域の多数の教師の協同的挑戦として、地域が全体として生活綴方教育に取り組むことが不可欠であるという認識に基づいて、展開、検証されていった取り組みであった。

第三に、その結果、当然のことながら、恵那の教育の全体の基盤に生活綴方を組み込むことについては、それが親の期待する教育――この時期においては学力を高めることが大きな論争にもなったし、学力競争社会の進展を背景とした時代であった――とどういう関係にあるかを明らかにする必要があった。科学的な知識や教科の体系的習得と綴方との関係についての積極的な結合が、理論的にも実践的にも深く追求されることになった。そしてそうした流れの中で、生活綴方教育の方法がもつ教育についての考え方——生活綴方の精神——が全面的に展開されていくこととなった。それは、学力論、教育課程論、科学的認識の形成の筋道、等々における挑戦的な問題提起を生み出していった。

第四に、この中で、現代的（ポスト・モダン的）な人間認識の歪み、商品化や物象化が引き起こす人間の主体性の剥奪に対して、生活綴方（その中心にある教育における表現）の認識論、方法論がもつ対抗可能性を、生活綴方教育実践として引き出す新たな試行錯誤が繰り広げられた。それは生活綴方がもつ現代における可能性についての新たな挑戦となった。

第五に、それらの結果として生み出された教育実践と子どもの作品は、二〇世紀後半における新たな子どもの主体化の挑戦への個性的な到達点としての位置を占めることになったと思われる。多数の恵那の教師たちの指導の下で生まれた多くの子どもの綴方作品、石田たちの取り組んだ思春期の性教育実践をはじめとする「3つのセイ」（生活・性・政治）の領域での教育実践の挑戦、そしてそれらの土台に組み込まれた「子どもをつかむ」思想と実践の展開は、戦後日本の教育に、新しい達成を付け加えるものとして蓄積されていった。

（2）教育課程づくりと教師の任務

「私の教育課程づくり」は、当時試みられたような、文部省の学習指導要領に対抗する、より科学的な教育内容の体系を対置する自主編成運動ではなく、子どもの生活意識に切り込み、生活認識を高めるような形に組み替えて、子どもが自らの生活意識の科学化、主体化のために摂取していける構造を教育課程に組み込む「自主編成」運動として提起された。

もちろん、教育内容の体系的、科学的な編集（自主編成）が必要であることを石田は否定するわけではない。しかし、もし教師の努力がそこだけに焦点化されるとき、教育は一面化すると考えるのである。教育課程の編成は、子どものなかの生きるための焦点をとらえ、それを子ども自身が意識化し、その焦点の矛盾に向かって働くように構造化された科学や文化との出会いを組織し、その焦点の課題において子どもの生き方を教師と共に切り拓いていくという一連の過程を伴ってこそ、すなわち①子どものつかみ直しと、②文化・科学の教師自身による再把握と、③子どもの意識的な生活の再構成という三つの要素を、共に遂行していく教育実践改革、授業改革、子どもの主体性の形成として進められなければならないと考えたのである。

石田は、次のように呼びかける。

> 「荒廃が『自分の頭で考え、自分の意志で行動できない人間』としての特徴を持っているとき、その荒廃を治療する教育的環が『生活と知識を結びつけ知識を科学的にする』ことに置かなければならないことは、……これこそ教師でなければ治癒させることのできない荒廃の内容で、子どもたちの荒廃の中心をなす部分である。／……その荒廃に本気で立ちむかい、自らの内に治癒の方策を具体的に見出し得ないとすれば、それこそまさに教師

の荒廃である。私たちが子どもの荒廃に直面して、胸を痛めている事実を、自らがありのままの事実としてつかみとり、子どもが荒廃の内側にひそめている人間としての痛みを治すために、何としても自らの中に深く入りこんだ荒廃との闘いを決意しなければならない。」（著作集第三巻、論文13、208頁、傍点引用者）

教師の仕事によせる石田の強い思いを、ここに読み取ることができる。石田自身、その挑戦を、思春期の性の学習として具体化しようとした。その成果は、岩波ジュニア新書『思春期の生きかた』や『生き方を考える性の教育』（あゆみ出版）などに結晶した。恵那地域での性教育の創造的な取り組みが生み出されていった。

それらを含んで展開された恵那の「私の教育課程づくり」運動は、七〇年代における教育課程づくり、カリキュラム運動、教科の編成、探究における特色ある提起となった。

(3) 科学と学力問題への視点

石田の生活綴方教育論の核心のテーマの一つは、生活認識の科学化であり、生活認識を発展させる力として科学が働くにはどうすればよいかということにあった。石田は、そのためには、子どもの生活認識が意識化される必要があり、そのためには「綴るという特性」を持った生活綴方によって、ありのままを捉える芽を育てることが絶対に欠かせないと考えた。科学的な認識の形成のためには、科学を単に記憶させるのではなく、〈教科に生活をくぐらせる〉こと、「教科をありのままの精神で貫き通すこと」（著作集第三巻、論文6）が必要であるとした。

石田は綴方の認識論を深める中で、受験学力から見て恵那の学力への取り組みが弱いのではないかという批判や、恵那の子どもの学力が低いという攻撃を意識しつつ、学力を「わかる学習」のなかに明確に位置づけようとした。それはその後の坂元忠芳の学力論とも深くつながっていく。石田は次のように述べている。

「わかる学習という問題は、子どもが人間として自由になっている、教育が教育になりえる差し迫った一番基本的な条件である。その点を抜いたら、自発性ということには成りようがない。だから学習がわからないという状態は、本当の意味で自発的な人間を作らないという問題、わかる学習ということは自発性をどう引き出すかという問題、本当の人格というものを生み出し、本当の自発性を生みだし、自由というものを人間に獲得させようとすれば、その内容として、わかるということがなかったら人間に成りえない。そこのところがくずされてきているという問題、……一番我々が考えてみなければならない大事な問題はそこのところである。」（著作集第三巻、論文8、90-91頁。一九七四年）

石田は、わかることを単に知識が理解できることとしてではなく、知や科学が人格に組み込まれた目的意識によってとらえられ、その人間の自主性や自由を実現する力として働いている状態として把握している。「わかる」とは、真に自分の目的と意思をつかんで主体的、自主的に生きることができるように、自分と自分の生活、自分をとりまく生活（社会や自然）を捉えることができるということであり、結局、自主的な「本当の人格というものを生み出」（同91頁）す構造を持ったわかり方でなければならないととらえた。そしてその人格の側の主体性と知や科学との交渉を介して、生きることを自律的に探究していく主体を育て、人間（子ども）が真に自主的で自由になることができる状態を生み出すこととして、学力の意味を把握した。このような内容を込めて石田は「生きる力」という言葉を提起した。

改めて強調すれば、石田と恵那は、しっかりした学力をつけるためにこそ、教育の基礎において生活綴方に取り組むという立場を取った。そのことは七〇年代に坂元忠芳が、学力論を恵那の生活綴方教育実践に依拠しつつ展開したことと深く結びついている。(注11) 恵那の教育実践と教育運動は、繰り返しての受験学力要求や、それを利用した〝綴方教育では学力がつかない〟という攻撃のなかで、いかなる学力を獲得させるのかという説明責任を地域から求め続けられ苦闘してきた。恵那勤評闘争のなかでも、恵那教育会議の議論でも、七〇年代後半からの第二次正常化攻撃でも、「学力が低い」という批判が繰り返された。それに対して石田たちは、テストの点数を効率的に高めるという受験学力対策の罠に陥ることを徹底的に拒否し、また教科の体系を科学的に編成し子どもに科学的認識を獲得させれば学力がつくという考え――恵那教科研の時期の中心的な考え——をも批判し、わかることの本質を徹底的に追求し、その延長上に学力を位置づけようとした。

そのような教育運動、教育理論の挑戦が、はたして、受験学力要求が強固に親の願いに浸透している地域の現実において受け入れられるかどうか、大いに論争となることであったと思われる。恵那に限らず、日本の教育運動は全体として、この壁の前に大きな後退を余儀なくされ、飲み込まれていったともいえる。恵那の挑戦を無謀と見ることも可能かもしれない。しかし、石田と恵那は、そこで妥協するのではなく、地域に生きる見通しを作り出す地域変革、子どもたちが希望をもって生き続けることができる地域を作り出すことによって、その地で「生きる力」としての学力が実証され、地域の公教育において教育的価値として合意される道を切り拓こうとしたのではないか。「生活に根ざし、生活を変革する教育」、「地域に根ざし、地域を変革する教育」は、そのような見通しを込めた言葉として掲げられたのではないか。そのことは、日本社会の変革の見通しと結合されなければ本当の学力についての社会的合意が難しくなっている現代において、今日の教育改革運動が突き当たっている困難に通ずるものではないか。

(4)「子どもをつかむ思想」と「生活綴方の精神」

石田の戦争反省、戦中の生き方に対する悔恨と反省の中心は、明日のこと、未来のことをなにも考えることができなかったこと、考えながら生きることができなかったということにあった。その課題を克服する教育の方法を、石田は、生活綴方教育との出会いによって発見する。幾度かの試行錯誤によって、石田は子どもの綴方を通して、子どもがつかめるようになるという実感をつかむ。石田はそれを、子どもが自分をつかむことができるようになることを通してこそ、教師が子どもをつかめるようになることとして把握している。そこに石田の「子どもをつかむ」思想の基本がある。

綴方を通して子どもがつかめたら、その理解に依拠して綴方を離れて子どもに教え指導するということではない。子どもに書かせることで子どもが自分をつかむ質を高めることを通してしか、教師は子どもをつかむ質を高めることはできない。それこそが生活綴方を通して指導するという方法の本質であると捉える。そして、安江満寿子たちの綴方を通して、激しいほどに考え続け、生き方を切り拓いていこうとする純粋で人間的な子どもの姿を発見するのである。

そのような教育認識、子ども認識は、七〇年代の生活綴方の復興のなかで、石田の次のような「規定」へと高められていく。これは、生活綴方のもつ方法論の教育本質的意味を、独創的な言い回しの中に表現し得ている。

「生活綴方というものは、人間の内面における生活の真実性ともいえる、生活の実感というものを客観化する仕事なんだというふうに、私たちはある意味で規定している。いうなれば生活の事実を、事実として作られておる心の奥にたまっている、あるいは、心に蓄積されてくる人間的真実というもの、それを自分の気持ちとして作られている真実、それを実際につくっておる生のまわりの事実というものを、それをありのままに描き出させる、あるいは、綴らせるということによって、生活の事実というものを再生して、それを意識化し、内面を形づくっていくという外部というものを意識化する仕事なんだ、その作用として、綴るという方式をとるわけですし、その綴るということの中で、考える作用が出てくる。」(『「恵那の教育」資料集』第ii巻、607頁、著作集第三巻、論文9、133－134頁に対応。一九七五年)

「子どもたちの心をとらえて離さない本心の問題は、今日の情勢にふさわしく、すべて非常に人間的な深刻さを含んでいる。いま、私たちがその問題を、子どもたちの生活認識の内容として重視するのは、そこに内面の真実としての人間的自覚が統一的に存在すると考えるからです。その自覚こそ生きることとわかることをつなぐ基本になり、生活と学習の本当の意欲の基礎となると考えるからです。いわば生活認識の深さというものこそ『あらゆる知識を自分のなかでつくりかえ』といわれる、その意識の内容となるべきものだと私たちは考えるからです。だからそこのところをどうしても、実践的に引き出さなくてはならない。子どもたちが本心としての生活の事実をありのままに見つめ客観化するということは、今の情勢を子ども自らの意識のなかで切り開いていく仕事になるのです。そして、人間的な自由を子ども自らが広げていくというきわめて大切なことになる、というふうに思います。この内面の自由な拡大、子ども自身が自らの自由を拡大するということは、新しい生活と学習への意欲を高め、自発性と連帯性を生みだし、自主的な行動の要因となっていく、というふうに私たちはみるわけです。」（著作集第三巻、論文10、160頁。一九七六年「生活綴方精神で生活・学習意欲を高めるために」）

この規定の特徴は、綴らせるという生活綴方の方法論の意味を、子どもの認識の形成と主体性の構築、子どもの発達の側に深く降りたってつかもうとしていることである。だからこの規定は、綴方をどう進めるかにとどまらず、科学の教育をどう進めるか、子どもの主体性と自由や生きる力をどう切り拓くかにかかわる教育の本質の理解を可能にするものとして、恵那の教育全体を意識化し、方向づける力になったと考えることができるだろう。

以上のような意味において、七〇年代の恵那の教育実践・運動・教育学認識は、日本の戦後教育運動や戦後の民主教育学、各地に展開された地域教育運動との深い連携を保ちつつも、その批判的創造性、独創性において、特筆すべき性格をもつものとなった。

6　石田と恵那の教育運動論

（1）地域に根ざした「自由論議」、全国との交流

この恵那の地域には、どっしりと腰を据え、そして一貫して地域の民主的変革の課題を背負

い、その地域に生きその地域を担う子どもをどう育てるかという課題を、半世紀にもわたって考え続けてきた教師集団が存在し続けた。

石田は、「自由」と「民主主義」について考え続けた。生活綴方の精神に立てば、子どもにとどまらず、大人もまた自分の本心を対象化し、それを意識化し、組み替えることを通してしか、真に主体的で自主的な存在となることはできない。一人ひとりの内面の思考の回路を強め主体化することなしには、民主主義は成立しない。しかしはたして自分たちの組合運動は、そのような自由と民主主義の上に組み立てられているのかと石田は問うのである。その強さがないときには、形式的な団結や「みんな主義」はもろくも崩壊する。そして勤評反対闘争という未曾有の困難が予想される闘いを前に、「自由論議」と「組合運動の転換」を呼びかける。

石田の思想の発展をたどるとき、それが地域の現実と運動自体から発酵するようにして、創造的に展開をしていることに気がつく。石田は、自分の考えをも仲間の中での「自由論議」にさらし、みんなの知恵と合意に依拠した運動や実践を作り出し、その実践の検証を経て、自らの仮説を新たな高みへと発酵させていく。そして地域の教育実践や教育運動によって検証された確かな見通しを切り拓いていくのである。

自由論議は、恵那の教師達の新たな認識を切り拓いていくための転換の舞台装置ともなった。転換の舞台装置としての「自由論議」は、勤評闘争の方針転換（一九五七–五九年）、恵那教科研の教育運動から「地肌の教育」への転換（一九六五–七〇年）、中津川西小学校における学校教育方針の転換による生活綴方の復興（一九七〇‐七三年）などにおいて、大胆に、強力なリーダーシップを伴いつつ粘り強く遂行され、新たな認識と実践を切り拓いていった。

そういう大胆な方針の転換は、大きな亀裂や分裂をも生み出す可能性がある。しかし恵那の場合、それは教職員集団の新たな合意へと展開している。その転換を生み出すイニシャティブの形成が、大胆ではあるが説得的に進められている。

全国の経験や教育学理論に学ぶ意欲も非常に高いものがあった。戦後の教育学研究者で、恵那の教育運動や教育実践に深く関わった者は大変多い。勝田守一、大田堯、坂元忠芳、深谷鍋作、田中孝彦、森田道雄など。教科研はその雑誌『教育』（一九五二年八月号）で、恵那調査特集を組んでいる。第一次、第二次教育正常化攻撃の時には、教科研を中心とした研究者が調査団を組んで現地に入った。七〇年代の教育科学研究会は、恵那の教育との意識的な交流を進めた。おそらく戦後の地域教育運動において、これほど多くの教育学研究者との継続的な交流をもった地域はほかに例がないといって良いだろう。

しかもその理論が積極的に全国に向けて発信され続けてきた。地域誌（『恵那綴方教師』、『恵那の教師』、『人間・生活・教育』『恵那教育研究所通信』等々）の発行、七〇年代における教育実践記録『生活綴方 恵那の子』（全8巻、あゆみ出版、一九八一‐二年）、『「恵那の教育」資料集』（全3巻、桐書房、二〇〇〇年）等々。

恵那の教育実践や教育運動の組織論は、確かに独特なものをもっている。教師の研究組織は、教科ごとではなく、トータルに子どもを把握する構造をもっていなければならないと考える。恵那綴方の会、恵那教科研、民教研はいずれも、そのような組織論で作られていった。だから、学校ごとの班を最小単位とする組織を基本とした。石田はそういう教育研究運動が、不可欠であることを一貫して主張していた（著作集第三巻、論文21）。

石田は、地域交流研（地域民主教育全国交流研究会）は、さらに各地に組織される教育科学研究会もまた、そういう組織論を採る地域の研究会の全国的な交流組織になる必要があると考えていたように思われる。恵那では、その組織論が、幾多の困難や運動破壊攻撃を克服して、新たな学校ぐるみの教育研究運動を再構築していく保障となっていた。

（2）石田の恵那のイニシャティブの性格

石田の恵那の教育実践と教育運動におけるイニシャティブの性格を一言で言えば、民主主義的なイニシャティブと呼ぶことができる。しかし、あえて言えば、民主主義の意味が通常とは異なる。それは生活綴方的民主主義といって良いかもしれない。

生活綴方の子ども把握は、子どもを主体として把握する。それは、「内面の真実」に依拠して子ども自身が自分で考え、その内面の真実を磨き、それに依拠して生きようとするときにこそ最も主体的な子どもになると捉える。そのような自律的な個の成長が励まされ、個の自由が尊重され、民主主義によってその力が結び合わされるときに、最も大きな力が生み出されると把握する。子どもの内面の成長を介さなければ本当の主体は育たないし、真の民主主義も展開しない。そのような人間観が、教員組合のたたかいにおいても貫かれるためには、組合運動の「自由論議」が不可欠だと考えた。生活綴方は、子どもの生活意識を切り拓く最も基本の方法として、自らの生活を徹底してよく見、客観化するという方法をとり、「もっと見つめよ」「もっと詳しく書け」と求めてきた。そして教師が、子どもを徹底して信頼する立場に立って「子どもの内面的真実」に触れたとき、その信頼が報われるというような教育観、人間観を獲得してきた。石田は、恐らくそれと同じスタンスで、多くの教師たちを「つかもう」としたように思われる。個々の教師たちが、自らの中に自分で「方針を持つ」ことこそが、最も大きな力を生み出すたたかいの基本の方法であると考えていたのではないか。いや、それは考えというよりも感覚、体感といった方が良いかもしれない。

同時に石田は、まさに生活綴方教師として、徹底して物事の本質を把握すれば、その事態の中に、必ず新しい可能性があるという考えをもち、だからその可能性が見えるところまで考え詰めることを、自分の思考の方法として高めていったように思われる。それはある意味で天性のようなものかもしれない。しかしその際、石田は、自己の感覚、「生活実感」「教育実感」に徹底的にこだわった。地肌の教育の展開は、まさにこの石田たちの中に体感され蓄積されていた「教育実感」を再度読み解くことを土台として切り拓かれた教育学認識であったように思う。

石田は、徹底した自己の弁証法的な思考によって、ものごとの本質を新たな視角によって捉えることで、認識の飛躍をつかむ筋道を切り拓いていった。その弁証法的な思考は、教師集団の中に自由な議論を引き起こすことによって作られる議論の矛盾や論理の行き詰まり、新しいもの、異質なものの衝突ともいえるような、それ自体が現実を反映した弁証法の芽をもった集団的議論を組織し、そこに参加し、それを徹底的に対象化し思考することにおいて着意されたものでもあったように思われる。その意味では集団的思考こそが、そして恵那の地の教師による実践の多様な試行錯誤こそが、石田らの思考を深め、飛躍させる土台となっていたとみることができよう。したがって、石田のイニシャティブは、その集団の思考の発展の過程に組み込まれ、集団の認識の高まりと深く結び付いて実現されていったように思われる。

もちろん、石田のイニシャティブは明確であったように思う。その理論は、事態の中にある本質を見出し、その本質を意識化し、広げ、誰にも見える現実として具体的な姿にしていくような仕方で取り出され、構築されていった。その理論の説得性は、そういう現実の中の本質の発見によって根拠を与えられ、それ故に新しい現実を生み出す運動や実践の芽が見出され、実際に新しい現実が運動によって促されることで検証されるという、ダイナミックな説得性を持っていたということができる。

その点で例を挙げるとすれば、何よりも恵那の勤評闘争と恵那教育会議があげられよう。勤評実施の「危機」が迫る中で、親との広い共同がない限り事態は切り拓けないという五〇年代の生活綴方教育運動で体感した「教育実感」に立ち返り、そのような共同を作り出すためにもういちど親の中に入るより他に道はないと考えた。そしてそれがみんなの「方針」になるまで議論する中で、事態が変化しはじめ、地域教育の主体の構造が運動の中に立ち上がってくる。教組、ＰＴＡ、校長会、そして地教委が教育をめぐる合意を作るなら、地域の教育自治に支えられて教育の自由が前進することをその事態の中に読みとる。そしてその四者が集まる形は、憲法・教基法の教育の自由の構造に通じることが把握され、「国民の教育権論」が未だ提起されていない中において、その基本構造が着意されていった。それは当時の勤評闘争において自覚されていた労農統一戦線方式（共産党系）や、労働組合運動の統一方式（日教組左派系）をも超える、教育の自由を構築する民主主義的統一戦線方式ともいうべきものを生み出していった。

石田の理論的提起は、その他でも色々な局面で大胆な問題提起となり、事態を「転換」させていくイニシャティブを発揮した。地肌の教育の理論的意味付け、七〇年代における生活綴方の再興、私の教育課程づくりの提起、七〇年代における生活綴方の教育学的規定への挑戦、生活綴方の精神による教育学の全体構造の探究、「生活に根ざし、生活を変革する教育」の全体構造の探究、そして何よりも「子どもをつかむ」思想と方法の彫琢、等。

この『石田和男教育著作集』からは、そういう石田の創造的な思考、恵那に創り出された集団的思考の豊かさをつかみとっていただければと思う。

おわりに――恵那の教育の継承とは

石田と恵那の教育実践、運動は、幾度となく地域と出会い直しを繰り返してきた。

第一段階は、戦後初期に、様々な教育実践に挑戦しながら生活綴方を見いだしたとき、深い地域との繋がりを経験する。

第二段階は、勤評闘争での親・地域との出会い直しが不可欠となった。その新しい形式として、恵那教育会議が作り出された。恵那教育会議が解体された後でも、その記憶は、人々のなかに深く存続し続けたとみることができる。

第三段階は、教育正常化攻撃から再び立ち上がるときに、強力な民主教育を守る会の運動を生み出し、やがてそれは民主教育を育てる会へと発展していく。そして中津川革新市政の実現は、その教育会議の構想を自治体の教育行政そのものに組み込んで実現する機会を提供することになった。そのなかで、制度としては中津川教育市民会議をつくり出し、教育実践としては「生活に根ざし、生活を変革する教育」を進めていく。そして恵那の生活綴方教育の復興は、大きな成果を上げ、地域の信頼を得るかに見えた。

しかし、激しい地域の変貌と受験学力競争の浸透の中で、恵那の教育を支えてきた地域自体の大きな変貌が進行する。そして、革新市政を切り崩す攻撃とも結びついて、恵那の教育に対する新たな攻撃、第二次教育正常化攻撃が展開されていく。それは、地域の支配的な保守的政治勢力と地域の大企業勢力の総力を挙げた攻撃であった。一九七〇年代の後半から繰り広げられてきた系統的で強力な恵那の教育への切り崩し攻撃は、その時代が生み出す社会と教育の困難も相まって、容易には突破できないものとなっていった。もちろん、その困難の背景には、日本全体の高度経済成長期以後の傾向的とも言うべき教育矛盾の蓄積と深刻化、政治的支配戦略の変化があり、日本のあらゆる地域で、民主的な教育実践と教育運動は、深まる矛盾と困難に直面させられていると言ってよい。新自由主義の展開は、その困難を一層深めている。

石田は、八〇年代への転換期において、その困難を、下りのエスカレーターを駆け上っているようなもので、「ちょっと、駆け上ることを止めたら、直ちに下がってしまう状態」とも表現していた。しかしその中で、新たな「子どものつかみ直し」を提起し、その教育思想のさらなる展開を探究しようとした。その挑戦の中では、激しい思いを含んだ思考の苦闘も繰り返されてきた。困難の深まりに対して、石田は、子どもへの信頼を絶対捨ててはならないと言い続け、「(子どもに)裏切られることを承知の上での信頼」を求め(著作集第三巻、論文19、「学校の民主的再生と教師の仕事」一九八〇年)、「子どもたちがその内面に作り出してきている自らのダメを否定する眼を鋭くとらえ、それを生きるねうちとして子どもに自覚させて、その新しい否定の否定の目で自らの否定の現実をつぶさに見つめさせていくということが大事だ」(著作集第四巻、論文1、8頁)とも述べ、「子どもたちに今わかるということと生きるということを中心にして自らの生きがいと自らの自由をつくり出す方向を子どもたちに与えていく」実践を切り拓くことを訴え、「真に歴史的或は社会的存在としての自分を見つけ生きることへの意味を発見して、生きることを創造しなければならない時代」(「はじめに―民教研夏季民主教育研究集会のあいさつから」『人間・生活・教育』14号、一九八〇年秋季号)にあるととらえた。そして新たな言葉を探し求めつつ、その課題を意識化し、恵那全体で具体化しようと挑戦し続けていった。この第四段階とも言うべき地域との出会い直しは、未だ困難な模索の中にある。

いま、この石田と恵那の到達点と教育の思想をいかに意味づけ、現代の教育を切り拓く知恵をそこからどうくみ取ることができるのかが、私たちに問われているように思う。

(※この序章は『石田和男教育著作集』第四巻の「解説2」に大幅に加筆したものである。)

[注]

(注1) 戦後初期の自治会活動実践については、『「恵那の教育」資料集』205頁論文「子どもの自治活動」参照。レッドパージ等に関する石田の証言は、『夜学記録』③、1989-6-13「教育復興と第1期反動攻勢」。石田らが、当時の県当局によるパージの候補として挙げられていたことが証言されている。

(注2) 汐見稔幸「戦後教育の時期区分をめぐって」『教育』二〇〇二年六月号。無着成恭「これからの教育と生活綴方」『作文と教育』(一九六五年一〇月号) 参照。

(注3) 佐貫浩「教師の勤務評定反対闘争の研究その(1)」『法政大学文学部紀要』33号(一九八八年三月)。

（注4）『地域と国民教育』①〜⑥、岩手県、山形県、千葉県、和歌山県、高知県、宮崎県の各共同研究集団による執筆・編集。国民教育研究所、一九六一〜一九六二年。

（注5）堀尾輝久『現代教育の思想と構造』。その中の「付論・国民教育における中立性の問題」参照。

（注6）『小川太郎著作集』（一九八〇年、第三巻、青木書店）369頁、273-275頁、281-282頁。佐貫浩「教育における地域の意義」（『法政大学文学部紀要』30号、一九八五年三月三〇日）参照。そこでは恵那・石田の綴方認識と対比して、小川太郎の認識論を批判的に検討した。ただ小川は、日本作文の会の「62年方針」については強く批判しており、「生活指導のしごとの中の、実生活をリアルに書き合うことを通して子どもの生き方の成長と変革をはかるという部分を、よそのしごととしてではなく、『日作』のしごととして見直すべきであろう」とも述べている（小川太郎著作集第3巻、420頁）。小川の生活綴方についての理論は、教育実践についての考え方と哲学的な認識論とのあいだに矛盾を抱えたままに終わっているように思われる。

（注7）石田和男「座談会・生活綴方教育の今日的課題」『教育』一九七七年三月号の発言。42頁。

（注8）城丸章夫「生活綴方と生活指導」雑誌『教育』一九七七年三月号、56頁。

（注9）教科研の機関誌『教育』誌上で、この問題をめぐって本格的な論争が開始されるのは、一九六八年四月号の藤岡貞彦論文「日本農村の構造的変化と教育——再び三たび生活教育論争を」の問題提起からと見て良い。

（注10）岐阜県唯物論研究会『岐阜県における民主教育の理論と実践（いわゆる『地肌の教育』について）』一九六七年一〇月一日、24-25頁。なお、このパンフレットは、署名は早田和男とされているが、石田たちの集団的討議による著作である。

（注11）坂元忠芳「『生きる』ことと『わかる』ことを結びつける」（『教育』一九七六年一月号）参照。

第一章　戦後の生活綴方教育運動の出発

——石田和男『ありの子学級実践記』によせて

石田和男『ありの子学級実践記』は、石田和男が教職に就いた二年後、一九五〇年四月から一九五二年三月までの東小学校での教育実践記録である。編集・発行は、恵那教育研究所によるものである（二〇一六年）。

石田は、教師についた一九四八年四月からの四年間の中で、恵那の教育と教育運動の中心的実践者として成長し、一九五二年には教育実践記録集『夜明けの子ら』を出版する。この『ありの子学級実践記』は、『夜明けの子ら』の教育実践の中心的舞台となった東小学校の二年間の学級文集『ありの子』を中心に、石田がどのようにして、生活綴方教育に取り組むようになっていったのかが読み取れるように再構成しつつ、その教育実践の全体像を捉えようとしたものである（以下の文中で括弧で頁数だけが記入されているのは、この『ありの子学級実践記』の頁を指している）。

1 戦争反省と教育への「信念」

石田は一九四八年四月、岐阜師範学校を卒業して付知小学校へ新任教師として赴任し、そこで二年間六年生を担任する。

戦後初期の民主化の流れの中で、石田は「日本の民主化が最大の課題」（11頁）と認識し、その中心的な取組みとしては、「社会科」と「自治活動」に重点を置いていく。そこで石田は、「子どもたちをそのための小さな同志――社会の邪悪と共に闘う仲間」（11頁）としてとらえようとした。そして、「人間が人間として自立していく一番根底にあるべきもの」としての「自分の頭で考えること」「その考える力を子どもたちに身につけさせてやること」（11頁）を追求しようとした。その教育実践は、学校自治会で、町当局との要求交渉を行わせるなど、相当にまわりからみれば過激なものであったように思われる。

それらの試みは、石田にとっての戦争反省（「戦中の私自身への反省」13頁）に突き動かされたものでもあった。戦争の中で、「あの戦争が終わるなどということには一度も考え及ば」ず、ただ死への予感を抱きつつ、戦争中に起こったことについて、「その意図や意味が全くといって良い程見抜けなかったこと」の無念さを思い、「自分で考え抜くこと以外にないという信念のようなものを自分の中につくりだし」（13頁）、そのための力を子どもにつけさせる教育の探究に向かったのである。

しかし、「考えることが大事だといっても考えるとは何をどうすることなのかを具体的にはっきりさせられない」ままに、「何か子どもの心をつかむというような意味では、うまくつかめないという気持ち」、「後ろ髪を引かれる思いみたいなもの」（17頁）を抱き続けていた。

大きな転機は、大関松三郎の「僕らの村」という作品に触れたことにあった。戦争の最中にあっても、自分の頭で考えた少年がいたことを知り、「自分のやっていることとの隔たりの大きさに驚愕してしまった」（17頁）のであった。ここから石田の生活綴方への取り組みがはじまる。

その時石田は、当時の自分の教育実践に対する反省として、「子どもたちの現実の生活矛盾を解決していく方法として自治活動を重視してきたのですが、結果的には子どもたちの内面を把握することが十分にできないまま、子どもたちに真の自発性と連帯性を発揮させることをしないで、教師の教え込みになっていた」（13頁、傍点引用者）と考えるようになった。重要なことは、その後の教育実践は、たえずこの反省の原点に立ち返り、その克服の質を深めていったことである。この視点は、その後の石田にとっての教育実践の原点にすえられることになった。

だから石田の生涯にわたる教育方法探究の核心は、「子どもをつかむこと」「子どものつかみ直し」にこそおかれることになった。この一貫した思いと視点は、その後の半世紀以上にわたる石田と恵那の教師達の徹底した探究によって、生活綴方を中心とする具体的な教育実践の方法論へと高められていく。その試みは、日本の戦後教育史において、特筆されるべき独創的で創造的な挑戦として展開していくこととなる。

2　石田と子どもたちとの出会い

教師三年目に、石田は東小学校で五年生を担任する。そこで「ありの子学級」の生徒となった石田久生恵と安江満寿子（後に杉山満寿子）が記している石田との出会いの場面が、印象的である。

「私は生きることの楽しさを生まれてはじめて知りました。教室の中で声を張りあげることが出来るようになりました。私の生活は徐々に変わり、今まではずかしかった貧しさは、はずかしいことではなくなり、この世に生を受けたことを、腹立たしく思っていた私が、今日より明日をよりよく生きることに努めていました。」（久生恵、141頁）

「授業が始まって、私は教壇の先生の姿に思わず息をのみました。先生は、全身全霊を傾け、一生懸命教えているのです。それはまさに命の炎が燃えているという姿でした。その姿を見た時、私は子供心にかつて味わったことのない感動で、身体が震えるのを覚えました。……その火のように燃える授業を受けたその瞬間、私は確かに石田和男という若き教師の魂の響きを小さな魂がしっかり受けとめた手応えを感じたのです。」（143頁、著作集第一巻、125頁に収録「杉山満寿子「私とつづり方」」）

この文章を引用すると、それは何か石田の特別な力を表すものとして受け取られるかもしれない。しかしそれは違うように思われる。

掛け値なしに、子どもたちに、自分と共に生きようとして必死に呼びかける大人と出会った驚き。やがてそれは感動となり、それまで子どもであるとして無視されたり、嘲笑されたり、意味のないものとして切り捨てられてきた自分の思い、価値がないと思われてきた自分の存在そのものが、石田という教師の言葉によって切り拓かれる教室空間の中で、意味を与えられ、値打ちあるものとして励まされ、生きるに値するものとして輝き始めるのである。子ども自身に、自分を生きるということの意味と勇気が見えるようになってくるのである。そして意識的に生きたいという意欲が、一人ひとりの子どものなかに動き始めるのである。

子ども観というものが、これほどに一つの教育力として働くということの証をここに見ることができる。それは子どものなかにある、しかし抑圧されている人間的真実に直接呼びかけ、その真実を生きて良いのだ、そこに人間のすばらしさがあるのだ、そこが当たり前になるような教室と仲間を創り出すのだという、心を震わせるような呼びかけとして、子どもたちを勇気づけていったように思われる。

3 「綴方」が「つまる」ということ

子どもの人間的真実を意識化する本格的な営みは、日々の綴方の取り組みの中で、子どもに綴らせること、そしてその作品を真ん中にして子どもとの対話を重ねていくこととして、試行錯誤を伴いつつ、地道に粘り強く進められていく。以下の文章には、石田の綴方観が凝縮されている。

「……その時の状況でいえば、それがつまったものであったわけです。だから文集には、いつでもその時の状況が、つまったものとして反映しているのです。綴方は最初からつまっていることはありません。必ずつまらぬ状態で出発するものだと思います。けれどつまらぬ状態であっても、そこにはその状態の中でのつまった部分があるのです。それは一人一人の子どもでも、学級全体でも同じです。文集は、そのつまった部分を組織して、全体としてのつまった部分を広げ発展させていくものです。だから、いま、作品がつまらぬから文集を作らないという法はありません。いまのあるがままの姿を、あるがままに文集としてつかむことしかないと思います。」（65頁、著作集第一巻、289頁）

石田にそのような「つまった」感覚を感じさせた最初の綴方が、「家」（18頁に収録）であった。教師は、そのような子どもの作品との出会いを通して「つまる」ことの感覚を蓄え、綴方の意味と方法の真髄に近づいていく。綴方教師はそういう綴方との出会いを重ねる中で、子どもをつかむ感覚を蓄え、子どもとともに生きる世界を切り拓いていく。

綴方を通して提出される子どもの実感は、たとえそれが、自分の生活を意識的につかんでいないとしても、その現実の意識の仕方が（あるいは意識できていないという意識の状態が）、その子どもの行動や態度を規定しているという意味では、そこから出発するしかないし、その意識を子ども自身が切り拓くほかに道はない。その意味で、それは教育の出発点、教育がはじまる基盤そのものである。そこにその子どもの真実がある。その真実との対話からはじめなければ、子どもとともに生きることはできない。〈「つまらぬ状態」の中に「つまったもの」を見る〉というこの表現が、まさにその機微を言い当てているように思う。それは子どもとの対話の手がかりであり、子どもの生きることを支える糸口である。生活綴方の作品を通して、教師は子どもとの対話に進み、子どもとともに、子どもの「つまった」生活を創り出す共同へと乗り出していくのである。

その方法と思想は、後に石田が展開していく「子どもをつかむ」思想と方法の原型である。子どもが「つまった」生活ができるようになるためには、どこに「ねうち」があるかを見出さなければならない。しかしそれは一方的に教師が子どものなかに発見することではない。子どもが自らの生活に向ける意識性を介し、そこで子ども自身がつかんだ自らの真実を介してこそ、教師は深く子ども自身の真実に迫ることができるのである。子どもの真実とは、日々子ども自身が、自分の生活を見つめ、その中に値うちあるものを発見し、それを意識的に生きることによって拡充されていくものである。子どものなかに真実が意識化され、創造されることを通して、教師は子どもの真実に接近し、その真実と共に生きる教師としての位置を獲得していくのである。「つまらない」生活から「つまる」生活へのたえざる発展を生きることの中に、子どもの書き綴る営み、子どもと教師の対話、教師の文集づくりが不可欠の位置を占めるのである。石田はそのことを、「つまらぬ」状態と「つまる」状態の弁証法とでもいうような形でとらえようとしたように思われる。

4 「やる気」と「吹き込み」

石田は次のように述べている。

「当時、私たちは、『やる気』と『吹き込み』ということでよく論議し合ったように覚えているが、なによりも子どもたちのやる気を重視し、それを引き出すために何をどのように吹き込むべきかを考えあったのである。『吹き込み』というと押しつけか扇動のように思われるかもしれないが、それではなくて、やる気の科学的根拠とでもいった、値打ちについての科学を説くというようなこととして考えていた。それは今日流にいえば、『知は力』ということでの知を得させることであるが、生活綴方だけでは自然成長的に獲得できない質の高い視点を科学の見地で、子どもたちのものにさせる作用であった。」（44頁）

この言葉を理解するためにも、その前提をもういちど思い起こさなければならない。それは最初にも触れたように、また幾度となく石田が語っていることであるが、子どもたちに本当に考えさせるためには、教え込んでもだめだという反省である。「ありの子」学級の前の教育実践の中での石田の苦闘に典型的に現れていることであるが、子どもに本当に考えさせるための模索が続いていた。そこでは「吹き込み」がまさに「押しつけ」となり、石田自身に子どもの声が空虚に響いてしまったのである。そして寒川道夫の『山芋』の大関少年の「僕らの村」に衝撃を受け、綴方の道へと向かっていくのである。

ここで重要なことは、石田の綴方教育の方法と思想において、「科学」というものの位置が、この綴方と不可分なものとして、その出発点から構造化されていたという点である。「科学」の「教え込み」への反省が、「科学」の否定に向かうのではなく、より本格的な子どもと「科学」との出会いをどのように実現していくのかという課題へと引き継がれ、したがって、けっして「科学」を手放さなかったことである。「吹き込み」といういささか俗っぽい言い方で表明されているのは、そのような課題意識なのである。

その背景には、石田自身の社会科学開眼ともいうべき「覚醒」があったと見て良いだろう。それは戦後のマルクス主義の興隆とも深い関連を持つものであったと思われる。東小学校（一九五〇-五一年度）での社会科カリキュラムの項目（28頁）に「人民のための政府とその確立」「基本的人権とその確立」「民族の独立とその確保」「科学的、歴史的な考えとその獲得」などが立てられ、教育内容の自主編成にも挑戦している。恵那地域全体が、そういう民主運動や社会科学の洗礼の中で、大きな教育運動を作り出していく。恵那は、そういう戦後民主主義教育運動の地域的拠点の一つとなっていった。

教育実践と教育学理論にとって興味あることは、そして稀有ともいえることは、このような運動と、生活綴方の精神とが、正面から出会い、相互に働きかけ合いながら、教育学理論と教育実践においてその統一が、長期にわたって探求されていったことである。

それは人間の主体性（「やる気」）の確立と科学との出会い方を、教育という仕事の最も中心の課題として引き受けるという方向に向かった。だから恵那においては、科学の学習が生活綴方の精神によって吟味され組み替えられるという実践上・理論上の苦闘が、幾度となく繰返されていった。そしてそのことが、日本の戦後教育実践と教育運動史において恵那の教育を、独特の、挑戦的で創造的なものとしていったのである。そのことがまた、「教育と科学の結合」の一面化という揺れに対する鋭い異議申し立てを恵那の教育実践が提起していくことに繋がったのである。

5　子どもの思いとともに生きる

石田の指導の下に、「ありの子」学級の子どもたちは綴方を通して自分を見つめ、新しい生き方の探究へと踏み出していく。

しかし、はじめの頃には、石田は子どもの「たるかった」と書いた綴方（一九四九年、付知小六年生、「僕の夏休み」、20頁）に対して、以下のような対応しかできなかった。

「この子が、これだけ『たるかった』といっているその重みがくみ取れないので、『おんし、たるかったことがたんとあったなあ』ということで済ませてしまい、事実を詳しく描くことで、その悲しみをもっと子どもに意識させることに気づけなかったのです。だから、子どもがつかめないのですし、それはまた、私の中では矛盾にもなっていたのです。」（21頁）

東小学校へ移って、「ありの子」学級を担当する中で（一九五〇年四月～五二年三月）、石田は、さまざまな方法で子どもをつかむ試行錯誤を展開する。そのため「子ども調査」や「家庭調査」などを試みる。そういう中で試みた「児童憲章」（一九五一年五月五日公布）の学習は、子どもの学習がどういう構造的困難を抱えているかについての新たな把握につながり、新しい教育実践の視野を切り拓くものでもあったように思う。石田は次のように述べている。

「子どもたちはその場その場で、やむにやまれず、思い思いに要求を作りそれを表す。……その要求を――ときには不満・不平・反発・抵抗などの形を取るが、自らの人間的証として発展させてくれなければならないとは考えるものの、それが実際には、筋の通らぬ大人の理屈と圧倒的な態度に出会うと引き込んでしまう事実を見るにつけ、自らの要求の公正的根拠をはっきりさせてやらねばならぬという思いが、私の中で頭をもたげてきた……」（49頁）

「たるい」という思いしか表明できない背景に、「筋の通らぬ大人の理屈と圧倒的な態度」によって、「要求」が眠り込まされ「引き込んでしまう」事態が生まれていること、生活を綴るとはそういう自分自身の意識の根本に降り立って自分を見つめ、そしてその「要求の公正的根拠」をつかむこと、すなわち「ねうち」あるものとして自分の思いをとらえ返すこと、その過程をこそ学習として進めること、だからこそ、自分の生活を綴ることが欠かせないことが、石田の教育観の中で、明確な理論的円環を結んでいったように思われる。

「源一と運の年」は、石田が初めて書いた実践記録（78–80頁、著作集第一巻、論文1、『教師の友』一九五二年一月号）であった。そこで源一が書いた「詩　しも」（79頁、著作集第一巻、156頁）に、石田は「自問自答の状態から立ち戻っていくチカラがこみ上げてくるのを感じた」と記している。石田は「源一の確かな意志と行動が、私の魂を揺さぶり、私の確かな意志と行動が、また、源一の魂を揺すぶらせる。それのみが、私の為せる、せめてもの源一への助力であり、源一との〝運の年〟への協力であり反逆なのではなかろうか」（80頁、著作集第一巻、157頁、傍点引用者）と考えるようになるのである。

「運命」とも言えるほどの苦悩と不自由さに対して立ち向かう意志を子どものなかに生み出していくこと、そのための共同を教師と子どもとの間に、クラスに創り出していくこと――その気づきが、「ありの子」学級で生活綴方教育を大きく展開させていくことになった。子どもの覚醒が、教師を新しい教育の仕事へと目覚めさせたといってもよい。

石田久生恵は、「見えないいくさり」（102頁）という詩を書いている。

昔の百姓と母はおんなしだ
ただしぼられて
働くだけで
かわいそうな母

みえない
ふといくさりでしばられている母
わたしもくさりでしばられている
いいたいことが
いえない

この「見えないくさり」という詩にも、事態を見据え、その本質を捉え、真の「ねうち」ある生き方を取り戻したいという人間としての思いが息づいている。教室がそういう「見えないくさり」を捉え、生き方を切り拓いていく意思を育て合う場へと組み変わっていく。
安江満寿子は、5年生のときに「苦労する母」を書き「オーバー」や「土地をねだるおじさん」などの綴方を書いていく。その安江は、綴方を書くことで得たものについて次のように述べている。

「……若い頃、理想と現実の狭間に幾度か苦い涙を流し、壁に突き当たり、ともすれば自分を見失いそうになったとき、最後の土壇場で必ず私を守り、支えてくれたものがありました。それは、心の一番底にどっしりと、そして静かに横たわる金の延べ棒の如き存在の石田先生とのふれ合いによって吸収したすべてのものと、綴方によって培われたもう一人の自分とでもいいましょうか、いつ、どこで、どんな時にも、常に冷静に物事を見つめている自分が一体となり、『踏まれてもなお、芽を吹く雑草のようになれ、顔を上げて現実を見つめよ』とくじけそうになる私を励まし、ささやき続けてくれたものです。」（146頁）

安江（杉山）はそのことを別のところで、「『綴方』は、人間が一生、自己との冷静で深い対話を通して真実を見つめ、決断と行動するための何よりの訓練」（153頁）とも述べている。

やがて「ありの子」学級は、人間らしさを、自らの生活の実態、ありのままの上に立ってどう見出し、どう育て合っていくかを探究する場として、石田と子ども達を包んでいく。

石田は後にこの到達点を、「学級というものが学校全体に、あるいは家庭に、あるいは地域に、実際に生活を変えそこでの活動の場を広げていくというふうな意味で、文字どおり社会的に活動するような学級。『社会の中に現実に生きて働く学級』というものに発展していく活動にかわ」ってきたと述べている（石田「当地域における戦後の民主教育運動と現代の課題」一九六六年八月、『「恵那の教育」資料集』494頁）。

ひとつの感想として述べておくならば、当時の小学校の五、六年生は、現代の子どもが経過する思春期と共に、青年期的な葛藤にも直面して生きていたように感じられる。それは子どもたちがもうこの年齢になると、一家の労働の担い手にもなり、家庭のかかえる労働や生活の困難を共に背負って生きなければならない当時の社会状況がそうさせるのだろう。社会の現実に直接さらされつつ、一家の苦労をこれから担っていかなければならないというその重さが、そういう早熟を強いるのだろう。しかし社会とは何か、現実とは何か、政治とはどういうものか、人間とはどうやって生きてきたのか……その知恵を教える教育は、この年齢においてはあまりに無力なものにとどまる。そのギャップを埋める認識の発展は、これからの子どもの成長と学習に期待するほかない。そこの苦闘に寄り添い、自分自身を厳しく励ますことのできるたしかな「もう一人の自分」を子どものなかにいかに育てられるか、そこに向けて石田は、子どもとの対話を続ける。

6 「苦労する母」の合評、勝田守一の「書評」

石田の指導した綴方もまた、恵那の教師たちによって、様々に論評されていく。そのなかには文学性を問うものや、表現の観念性を問うものもあったように思われる。しかし石田にとって、その綴方作品の観念性というものがあるとすれば、それは不可避のものであって、それを文学性だけで、すなわち表現の技術だけで克服することはできないという思いがあった。したがってその観念性もまた、必死の思考（自分で考えること）の表れとして大事にし、受けとめるべきものとして、そして子ども自身の成長にとってのエネルギーとして、長い成長の中で育てるしかないものとして捉えていたように思われる。その暗さややるせなさ、閉塞感すらもが、それを生きるほかないものとして見つめさせ、すぐには解決できないことへの苦悩を心に刻み込むほかに道がない。そういう生きにくさを支えることで子どもを励ますのが、教師にできることだと考えていたように思う。

教育だけでは解決し得ない地域の苦悩を、教師はどう子どもと共に生きるか。この解決し得ない課題を、石田は抱きつづけていたように思われる。だから作品――子どもの思い、生き方の探求それ自体――はいつまでたってもそれ自体としては完成しないもの、未完成で終わるほかないものとして受けとめていたように思われる。そしてそのことが、作品主義に陥らない理由であったのではないか。作品が変わるということは、生活が変わるということと不可分である。生活への不断の働きかけを越えて作品の質だけを高めることはできない。生活を性急に変えることもまたできない。地域の生活は、教育だけの努力や一人の子どもの努力を越える複雑さと動かしがたいほどの必然性を含んでいる。そこに子どもが思いあぐね、時には観念的になるとしても、それは子どもの弱さなのではないと考え、石田自身も、そのギャップをどう克服すればよいか、思い悩んだのではなかったか。

勝田守一は『夜明けの子ら』への短い書評の中で、作品主義に陥るとき、「生活綴方は堕落するだろう」（208頁、日教組新聞一八一号）と警告していた。その作品が生まれる背後にある子どもへの働きかけ、生活への働きかけ、教育的働きかけの深さをその作品の背後に読み取り、継承していかなければならないと強調していた。作品は生活の必然的な成果であり、また過程そのものである。だからこそ、それは教師と生徒との共同による創造の結晶なのである。

二十数年たった「ありの子」の子どもたちが再会して確かめているのはその作品を生み出した土台につくりだされた生活であり、全力で生きたその空間であったろう（「25年目の蟻の子たち」134頁〜）。その空間で全力で生き合おうとした共同の時間であり、人間として勇気をもって困難に向かおうとした恐れを知らない自分たちが生きていた時間への懐かしさだったのではないか。

7 「版画」の位置

わずか一年間で、非常に高いレベルに到達した「版画」への挑戦は、その後本格的に再挑戦されることはなかった。勤評闘争やその後の石田の運動への関わりがそういう機会を奪ったとみることもできるが、より普遍的な「表現」への挑戦は、さらに多様な試行へと石田を向かわせることになった。

注目しておきたいことは、子どもの版画が一年間で、驚くほどの急速の進歩を遂げたことであり、それは石田が、自分が表したい主題を表現することに意識を集中する視点に立って、描く対象と版画自体を徹底して考え工夫するという課題を子どもに提示したことによるものであった。その着眼を石田は次のように記している。

「図画や音楽の教科が、子どもたちの実際生活から生まれ、その体の中にひそんでいるところの、人間としての最も基礎的な感情を正しく育て上げるために営まれなければならないのに、ともすると、図画や音楽は、特殊な技術を持った教師でなければ、子どもたちを教えることはできないという、一般の教室に流れている風習のように根強い考えに、私は健康な人間を育てるためには、美術や音楽の持つ役割は、大変大きなものであるのをよく知っていながら、実際にはどうしたらいいのか、なかなかわからなかったのでした。私の技術が貧しいことはよく知っているのですが、私は教室の子どもたちを画家や音楽家に育てるために教えているのではない。とすれば、図画や音楽に必然的に大きな比重をもつ、その技術の問題を、図画や音楽の教科の中で、どこに位置づければよいのかわからなかったからです。／こんな時、箕田源二郎さんが来られて、『技術教育は何をどう訴えるか、から始まるのだ』と、まるで赤子に物言うようにていねいに教えて下さって、『ああ、それじゃあ、綴方で何を書きたいかによって、どう書くかを教えているのと同じだな』というとにやっと気が付き、恥ずかしいようなことですけれどそれから真剣に教育における生活綴方的手法ということを考えはじめたのです。この画集におさめた版画は、そういう図画における一つの試みの中で生まれたものです。」（「この文集をみてくださった方へ」111頁、傍点引用者、著作集第一巻、68頁）

石田は、あらゆる教科の土台に、生活綴方の精神とでもいうものを組み合わせることで、その教科の可能性がどう切り拓かれるかを、普通の科学を背景とした教科に止まらず、音楽や図工にも広げていく。

8　地域と石田

石田は、『夜明けの子ら』の「後がき」にかなり長文で、恵那の地域の歴史を語っている。ある意味でこれは不思議ともとれるものである。全体が子どもの綴方や版画作品で構成された実践記録にとって、なぜ、この地域の歴史を述べることが、石田にとっては欠かせないことだと考えられたのか。

子どもたちの生活は、幼い一人ひとりの子どもにとっては過酷というほかないほどのものである。「運の年」の厳しさの中に生きる源一を、いかに支えていけばよいのか、石田も言葉を探しあぐねる。家の貧しさ、それ故に繰り返される家族の諍い、父親の暴力、厳しい労働の現実、その中で、不安をいっぱい抱え、萎縮し、身を縮めるようにして、しかし何とか家族を支え、苦労する親を支えようとして、けなげに生きようとする子どもたち。

人は、地域の生活という、一人ひとりの日常を超えた歴史的な流れの中に生きるしかない。

封建的慣習や戦争による貧困、身内の死などが幾重にも重なり合った地域の生活、そしてその流れの中に、翻弄され、思いを抑圧され、運命に支配されて日々を生きる子どもたちに、そしてまた生涯をこの地域において生きていく他ないこの子どもたちに、自分の運命を自らの手で切り拓いていく主体性を、自由を、何とかもたせてやりたいと思う願いが、この地域の歴史を、そして時にはその地域の重い運命に抗いそれを切り拓こうとしてきた地域の歩みを、語らずにはおれなくしたのかもしれない。そして石田もまたこの地域の歴史に生きようとするその思いを表明したのかもしれない。子どもと共に、また親とも手を結んで、地域を自らの生きる場として据え直す試みであったのかもしれない。

石田の実践についてはそれが恵那の教育の一環として展開されたということをみておかなければならない。恵那綴方の会は一九五〇年代初期において三〇〇名を超えていた。第一回作全協（作文教育全国協議会）はこの恵那の地で開かれた（一九五二年）。国分一太郎が、『夜明けの子ら』の「解説・石田君の二年間」（175頁～）で述べているように、「石田君は組織の人なのだ、石田君のヒョコヒョコは、彼が属している恵那綴方の会のまめまめしい働き手としてのヒョコヒョコなのだ」（181頁）。

この国分の言葉を引用した後で、しかし付け加えなければならない。「組織の人」というのは、どうも違うと思う。石田は「自由の人」なのだ。そして組織はその「自由」を広げるためのものなのだ。生活綴方が創り出す共同は「組織」のためではない。一人一人の子どもの自由のためのものなのだと。また教師の組織も、一人一人の教師の自由のためのものなのだと。だから石田は、運動の組織、教育研究の組織を自由のための組織として作り直す挑戦を──「自由論議」などの取り組みとして──繰り返していく。それは組織そのものが永遠にかかえる矛盾であるかもしれない。そして石田は、地域に本物の自由を創り出そうと挑戦し続ける。生活綴方と地域を貫いて、自由が、探究されていく。

9　生活綴方の精神の展開へ

戦後初期の石田の教育実践、そして恵那の教育実践は、その中に豊かな生活綴方の精神を育てていった。もちろんその「精神」が何であるのかの探究は、今に至るまで探究され続けているといってよい。

一九五八年からの恵那勤評闘争は、「教育の自由」と「教師の自由」のために展開され、「自由論議」が追求されていく。そして恵那教育会議の民主主義と地域的合意づくりの運動へと展開していく。それ自体は子どもに対する教育実践とは区分されるものであるにもかかわらず、明確に、生活綴方の精神によって貫かれたたたかい、生活綴方の精神を運動において実現するたたかいとして追求されていったといえる。それは以下の点に示されている。

①勤評は、教育の民主主義を奪い教育の自由を奪う攻撃である。
②たたかいは教師の本音に依拠して進められなければ、力をもつことができない。
③教師の本音を出し合う「自由論議」を進めなければ、組合の団結は高められない。
④親の本音を引き出しその本音の土俵で教師と親の対話を組織しなければ、親の力を引きだすことはできない。
⑤対話に基づく民主主義を生み出すことで、本音に依拠した教育の民主主義を地域に確立できる。
⑥それらの方法は、子ども自身が、自分の本音、内面の真実を見いだし、それに従って自主的、主体的に生きるようにする生活綴方の働きかけと同じ質を持っている。

勤評闘争はそういう教育の民主主義を地域に生み出すたたかいであり、恵那教育会議はその組織形態として生みだされたものであった。綴方は、子どもの認識を高め、子どものなかに考え、判断し、決断する主体を育てることを中心的な目標とする。すなわち子どもの主体性を育てる。教師はその主体性をもった子どもとこそ、深く共同することができるのである。教育運動もまた、共同の担い手になる人々の中に、その一人ひとりの中に、本音に依拠した真の自由と主体性を生み出さなければならない。したがってまた、運動のあり方、戦略、戦術もまた、生活綴方の精神によって貫かれなければならない。こういう問題関心に貫かれている故に、石田と恵那の教育運動においては、たえず民主主義が問い直されていく。石田の思想と恵那の教育運動が戦後民主主義の展開においてユニークかつ独創的でありえた根拠はその中にある。

また「子どもをつかむ」思想と方法は、この五〇年代の教育実践を出発点として、幾度も問い直され、吟味され、新たな問題状況、新たな教育課題に対処しうるものへと、展開を重ねていくことになる。それは「地肌の教育」を生み出し、一九七〇年代からの恵那における生活綴方教育の復興期を生み出し、思春期の性教育への大きな挑戦を生み出し、八〇年代からの非行や荒れに対する新たな取り組みの視点として展開していく。

その達成は、日本の戦後教育の貴重な財産、到達点の一環を構成し、日本の教育実践と教育理論に継承されていくべきものとして存在している。

その出発点における石田の試行錯誤の過程を記録したこの『ありの子学級実践記』には、その豊かさの原点の探究に向かう道程が記録されている。

（※この章は、石田和男『ありの子学級実践記』の中の「解説」として掲載されたものに、ごく部分的な修正を加えたものである。）

第二章　恵那勤評反対闘争の特質

――恵那勤評闘争と恵那教育会議（一九五七―六二年）

恵那の勤評反対闘争と、それに続く恵那教育会議の展開は、全国の注目を集めたものとなった。この教育会議は、四年間（一九五八―六二年）にわたって、地域の住民、父母が参加する教育討論集会として、地域ぐるみの大運動となった。最盛期には、地区と中央の集会をあわせると五〇〇〇人を超えるほどの参加者があった。そのような運動を創り出した戦略と教育運動の思想はどういうものであったのかを検討する。

1　勤評闘争に向けての「転換の方針」と恵那教育会議

一九五七年度より、石田は岐阜県教組恵那支部の書記長となった。石田たちは、愛媛勤評闘争の展開を見つめつつ、本格的な勤評反対闘争（以下、勤評闘争と略記）をどう闘うかを検討する中で、昭和三二年度岐阜県教組恵那支部の運動方針「運動方針の転換――一九五七年度岐教組恵那支部運動方針」（一九五七年七月九日決定、以下、「転換の方針」と記す）を出す。

「転換の方針」は、「組合運動をさらに幅広いものとして、運動の質を変えることによって見方の弱点をおぎない、味方の力を拡大し、敵の力を弱める」ために、「子どもと教育を守る課題」を中心において、第一に父母と結びつくこと、第二に校長と統一できる面を広げ協力してたたかうこと、第三に一人ひとりの組合員が「本当に納得し、理解した上で自らの行動を大切に」する組合民主主義を実現するために「自由論議」を徹底して行うこと、を提起するものであった。大会スローガンは、「1、子どもの問題で父母の中へ入ろう　2、説得と納得で組織を強化しよう」であった。

(1)「自由論議」と組合運動の「転換」について

恵那の勤評闘争の遂行にあたり、石田らが徹底的に自由や民主主義にこだわったことの背景に、生活綴方教育運動の経験があった。

石田は戦前・戦中において、自分で「考える」ことのできなかった反省から、自分で考える子どもを育てることに徹底してこだわり、生活綴方に行き着いた。そして、第一章で杉山満寿子の手記を紹介しつつ指摘したように、この綴方を書く中で、子どもが徹底して自分で考えぬくその姿を心に深く刻んだ。そして教師もまた、そのような自分自身の思考を介してこそ本当に主体的に行動できるという人間観を深めた。

しかし当時の組合運動の状況は、石田たちから見れば、そういう教師の自発的意志を基本とするものとはなり得ていなかった。その組合の体質改善なしには、未曾有の闘いになると予想された勤評闘争に取り組むことはできないと石田たちは判断した。「転換」の方針には、組合の中に徹底した「自由論議」を行い、生活綴方教育を通して実感したような主体的思考で各組合員が考え、一人ひとりが行動する主体にならなければ、決してこの闘いは成功しないことがはっきりと見据えられていた。

この中では、生活綴方の精神とは、一人ひとりが徹底した自己との対話を介して、自己自身が発見した内面の真実としての価値に基づいた生き方を意識的に選び取っていくことであり、その意味で、個の精神の徹底した自律を生み出す方法を意味していた。その精神は、教育実践だけではなく、教育運動や政治闘争においても貫かれるべきものであるととらえたのであった。石田たちは、このような哲学を土台にして、教育運動の中で、自由と民主主義とは何かの実践的かつ哲学的な探究を進めていく。そして、当時の勤評闘争を主導していた日教組や共産党の勤評闘争方針についても、より豊かな運動を創り出すために、批判的検討を進めていった。当時恵那地域で多くの教師が購読していた『教師の友』は、勤評闘争方針をめぐる「自由論議」の場を石田たちに提供する条件となった(注1)。

組合の書記長になった時の経過について、石田は次のように証言している。

「一九五七年のこの年、私はそれまで予想もしていなかった教員組合恵那支部の専従書記長に選ばれたのです。事情はいろいろありますが、生活綴方の精神といいますか、その実践的教訓を組合活動の中に生かして、新しい困難に直面してきている組合活動に生気をとりもどし活力をつけることが必要だといったことが、私を押しだしてくれた人達の私への期待といいますか、推薦の理由だったように思います。」（著作集第二巻、58頁）

同時に生活綴方教育運動の経験は、教育が親、地域の願いと深く結びつかなければならないものであるとの強い信念も生み出してきていた。恵那において生活綴方教育が広まっていったとき、教師は子どもの綴方を通して学校教育の中に持ち込まれてくる親の生活の貧困や農村に根強く残っている封建性、さらには戦争と平和の問題——新たな軍国主義復活の動き——に直面する。子どもを抑圧し人間性をゆがめている生活現実の矛盾を無視しては、日本社会の変革に立ち向かうたくましさを子どもの中に育てられないことを感じ取り、生活綴方という方法によってその課題に子ども自身を取り組ませようとしたのである。しかしそのためには、教育は地域の父母の生活それ自体の変革の要求と結びつかなければならない。多くの生活綴方教師は、子どもの綴方を介して、親の生活を知り、親と話し合い、子どもを育てていく親と教師の共同を粘り強く探究していった。

恵那の生活綴方教育運動が深く教師たちの体感にまで高めてきた二つの視点、「自由論議」にもとづく「組合民主主義」の必要性の認識と、親と教師の深いつながりなくして学校教育をより良いものにしていくことはできないという思いが、勤評闘争を進める恵那の組合の運動方針の土台に組み込まれていったのである〈補注〉。

〈補注〉恵那地域では、民主主義というものの実感、「体感」を、五〇年代の生活綴方教育実践の蓄積の中で、多くの教師が獲得していったと思われる。一人ひとりの子どもの人格を徹底的に尊重し、その自主的な成長を子どものなかに創り出すことこそが民主主義の土台を形成するという視点である。そして勤評闘争の中で、そういう民主主義が、単なる「体感」に止まらず、組合運動のあり方、憲法や教育基本法の価値認識と結合し、地域と日本の未来のあり方を切り拓いていく方法論という自覚にまで発展していったということができるだろう。それはその後に展開される「国民の教育権論」の認識にも繋がるものであったと思われる。そしてその民主主義についての強い思いは、憲法や教育基本法に書き込まれた民主主義の価値と方法によって、日本社会の変革を進めていくという社会変革の方法論、教育運動の在り方、教育変革の方法として、石田らの教育運動の思想のなかに獲得されていったように思う。

そのことを確かめるためにも、生活綴方の民主主義というものの特徴をあらためて捉えてみることが必要であろう。生活綴方の方法において重要な要素として、①個の尊厳、②ケア、③個々人が表現主体になること、④表現による議論（コミュニケーション）と合意の形成、という要素が挙げられる。それは生活綴方という教育実践の中で錬磨されていった方法論でありかつ精神といってよい。生活綴方教育の実践を積み上げていく中に、恵那の教師集団の中に、そういう理念と方法が、人間の捉え方、生きていく方法論として、人と繋がる方法論として、だんだんと体感され、身体化されていったのではないか。しかし当時の民主的政治運動、特に当時のマルクス主義に立った政治運動の理念においては、民主主義は、階級的立場から解明されていく社会科学的真実を、勤労諸階級が階級的多数者となって、多数決民主主義を通して、社会的な合意へと押し上げていくというような性格がかなり強かったと思われる。しかし、生活綴方の方法論と精神は、より徹底した民主主義、運動に参加する一人ひとりが主体になって、社会の変革を推進していくというような民主主義の実感を教師たちの間に経験させつつあったように思われる。しかしそれを理論のレベルで民主主義による変革の方法論として把握することは、当時においてはなかなか困難であったと思われる。恵那の場合、生活綴方教育運動の豊富な蓄積に支えられて、そういう方法論がかなり意識的に追求されていったということができる。今日では、社会科学的な真理の探究においては、議論と合意という手続き、コミュニケーションが不可欠なものと把握すること、個々人を尊厳ある存在としてケアする場においてこそ個が表現主体や民主主義の担い手として登場することができること、そして個の存在から発する要求や矛盾の認識を表現へと高めることが不可欠であること、個が表現を通して価値探究と合意の主体として承認されることにおいて民主主義が真に展開可能となることなどが広く了解されてきていると思われるが、生活綴方は、そういう論理や方法をその実践の中に芽生えさせ、体感させる一定の質を持ち得たのではないかと考えられる。もし、本格的に生活綴方の取り組みの中から民主主義論が意識的に提起されていたならば、一九五〇～六〇年代にあっては非常に先駆的で重要な問題提起となっていったのではないかと思われる。

（2）勤評闘争をたたかう「転換」の方針

一九五七年一〇月一八日、恵那支部の臨時協議員会で「勤評闘争（方針）」が決定された。それは勤評闘争方針の基本戦略を明瞭な形で提起したものであった（以下「勤評闘争（方針）」と記す。著作集第二巻、論文2）。

そこには、この勤評反対闘争が未曾有の闘いとなるであろうとの予想の下に、徹底した組合員の合意を創り出すとともに、恵那の地においていかにこの闘いに勝ち抜くかという大胆な戦略が構想されていた。その戦略と論理は、以下のような特徴を持っていた。

これらの方針はなぜ出されたたか

勤評闘争において、日教組は、勤評が教師の労働者としての権利を奪うものであること、そしてその権利を守るために教職員組合の総力を挙げてたたかうこと、同時に勤評の労働者に対する攻撃という点を前面に出して労働者階級（一般の労働組合）に呼びかけ、労働組合運動の連帯の力でたたかうという方針を提起していた。しかし恵那教組は、そのことに一定の批判意識をもち、あわせて愛媛県の勤評闘争で、教師（教職員組合）と校長が分断され、次第に校長が切り崩されていく経過を批判的に見ていた。

勤評の実施のために、政府・文部省の側が父母や地域の中にある教師への不信を利用しようとしたことは、攻撃の巧みさであり、勤評闘争に大きな困難を生み出した。愛媛の勤評闘争では、教職員組合運動に対する一般の父母の拒否感が利用され、たたかいが困難に陥るという様相が広がった。しかしその攻撃と切り崩しの戦略で生み出された困難に本格的に教職員組合運動が取り組むならば、逆に、学校教育をどうするかがまさに国民的な関心事として浮上し、学校教育の主体としての父母の位置が一挙に意識され、新たな国民教育運動が創り出される可能性もはらまれていたとみることができる。恵那は、そのような闘いとして勤評闘争を展開させようとした。

恵那支部の批判は以下の点にあった。

第一に、勤評を教師の権利の問題として把握するに止まっており、父母の側からは勤評の本質――教師の自由を奪うことによって親の願いに応えようとする教師の教育の自由を奪い取る――がつかまれておらず、先生の通信簿は当然というような議論が行われている。これでは、学校を支えている父母の声を、勤評反対の力へと組織することができない。そのままでたたかいが激化していくと父母（国民）の思いと教組のたたかいとが切り離され、教組の運動が孤立していく可能性がある。

第二に、勤評には、①憲法・教育基本法に違反しているという本質があること、②勤評実施主体は地教委であり、地域の父母、校長会、教員組合が一致して地教委に働きかければ「恵那だけでも」勤評実施を阻止できる可能性があること、という二つの「弱点」――実施しようとする側にとっての「弱点」――があり、この弱点を突いていけば、成果をあげることができる。

そのために恵那教組は、徹底して教育の問題としての勤評の本質を明確にし、父母の声を引き出し、また教育の問題として教員組合と校長会とのタイアップを強め、親（PTA）、教組、校長会で地教委に働きかけ、地域の教育関係者の合意で勤評を阻止するという戦略を立てた。そのような運動の構造を創り出すためには、教師が、父母の中に入って教育の問題としての勤評の問題点を訴えなければならない。しかし今の組合の幹部任せ、上からの方針をタテマエとして議論もなしに決めてしまう方針決定の仕方、本音の議論の欠落が続く限り、この闘いの展望はない。全組合員が、親の中に入って教育の問題としての勤評の本質を明らかにする全力の闘いを決意することが求められている。それができる組合のあり方を創り出さなければならない。――そういう決意と見通しに立って、岐教組恵那支部の勤評闘争の方針が提起された。

「転換の方針」と「勤評闘争（方針）」の基本認識と戦略

恵那支部の勤評闘争の基本戦略は以下の四点にあった。

①地教委が責任を持って拒否すれば勤評は阻止できる。
②父母とともに行動しないかぎり地教委が拒否するという保証はない。
③父母を動かすには、教組と校長が一致して父母に働きかけなければならない。
④父母を動かすには、教育の問題として教師が父母の中に入らなければならない。

この基本的な考えが勤評闘争の戦略となり、結果としては、その運動の構造が制度化されたものが、恵那教育会議となったと見ることができる。

この闘いの中心にあった石田らが、最初から恵那教育会議のような制度構想を持っていたと見ることはできない。この勤評闘争方針を進めるために何よりも突破しなければならない課題は、教師が親の中に入って訴えることであった。恵那支部は、親の中に入ることを徹底して遂行する。そしてその全力の行動が、教育問題で親と教師が話し合うという網の目のような討論の場を各地に創り出していった。

突破口を切り拓くためには、教師が父母のところへ出かけていく必要があった。躊躇をこえる様々な工夫が取り組まれ、組合員が親の中に入る運動が生み出されていった。勤評は教師を差別するものだから反対するという論理だけでは、親の広い支持は得られない。「教師を差別する勤評反対」のスローガンに対し、「良い先生、悪い先生」がいる、だから勤評は必要ではないかという親の声が吹き出してくる。恵那の教師たちはその声に直面し、自分たちがどういう教育をしようと考えているかを説明する必要に迫られた。

その様子は、たとえば次のようであった。「父母の中に入るという徹底した方針」の具体化の状況は、親の中に入る「練習」を繰り返し、どんな議論をすれば良いのかを繰り返し検討するなどの様相にもよく現れていた。「そのうちに、そんなら、親へ入っていくための練習をしよまいかと。片一方は勤評賛成の意見を言う人、片一方は反対ですよと言うことで、まず分会で稽古が始まるわけです。」（著作集第二巻、82頁、石田証言）

その結果、多くの教師たちが親の批判や疑問と直接向かい合い、親と共に広く教育問題を議論する場が生み出されていった。そのことを恵那教組は、「勤評闘争が父母の中へ入ることによって、『教師の問題』から『教育の問題』に発展した」、「私たちはこの様な形で、初めて勤評闘争における国民的基盤——教育のたたかいの芽——を獲得することができたのである」と把握した（著作集第二巻、22頁）。

校長との連携を強めつつ、親への教師の働きかけが展開されていく中で、勤評問題を議論する集会が提起されていく。その構成は必然的に運動方針の構造を反映して、教職員組合がイニシャティブを取り、校長会との連携を深め、ＰＴＡなどの親への働きかけが行われ、そこにこの地域で勤評をどうするかを決定しなければならない地教委が議論に参加する形で展開した。その集会は地域で熱心に教育問題を議論する場となり、四者（教組、ＰＴＡ、校長会、地教委）がこの話し合いの場を継続することを了解する中で、「恵那教育会議」が立ち上がることになったのである。そういう意味では、勤評闘争を進める教組の運動方針が展開していく中で、生まれた集会が、恵那教育会議を立ち上げたと見ることができる。そしてそのような父母と教師とが教育要求と専門性をつきあわせて学校教育のあり方をたえず議論し、合意を作り続けていく場が公教育の土台に組織され続けることこそが、教育の自由を実現する力として働くということを発見したのである。

恵那勤評闘争の特質

以上に述べたような方針でたたかわれた恵那の勤評闘争の特徴を改めて確認しておこう。すでに序章で述べたように、私は、全国の多様な勤評闘争を三類型に区分することができると考えている。その三類型とは、①労働組合による統一闘争型、②地域の政治的な民主主義的統一戦線型、③恵那型＝教育の自由を守る教育統一戦線型、である。

恵那の勤評闘争が、この①類型や②類型と異なっている最大の特徴は、教育の自由を実現するための土台となる教育の本質に即した諸関係を構築し、しかもそれを公的な制度へと高めることで、地域の教育をめぐる総意として勤評を拒否する体制を作り上げるという戦略をとったことにあるということができる。

もちろん、そういう教育を運営していく制度を、教育関係者や地教委を核に構築する構想が、最初から明確に掲げられたわけではない。父母（ＰＴＡ）と教師が結びつかなければこの闘いに勝てないという、生活綴方教育運動の広がりが多くの教師の中に創り出してきた実感とでもいうものが、恵那の勤評闘争をそういう方向へと向かわせたということができるかもしれない。また西尾彦郎（教育会議の議長を務めることとなる）を県の公選制教育委員として送り出してきたそれまでの運動の蓄積が、地域の教育委員会を勤評反対の運動と連携させる可能性への期待を高めていたかもしれない。さらに校長会と恵那の教職員組合との戦後の教育の民主化の中での深い協同の蓄積が、教育をめぐる教育関係者による地域的合意の可能性を高めていたという判断もあっただろう。

　重要なことは、そういうさまざまな経験や思いを土台にしつつ、たたかいのなかで、明確な勤評闘争に勝利するための基本的方針として、恵那地域だけでも、地域の教育関係者の間で、〈性急に勤評を実施することに対する反対の意思表明を合意として勝ち取ること〉を最も中心的な目標として追求したことであった。だから闘いの中心目標は、「合意」の形成におかれた。父母と教師との合意、校長会と組合との合意、［教組と父母と校長会］と教育委員会との合意――これらの合意を形成することに、組合の働きかけの焦点がおかれていったのである。

　合意がどれだけ強固なものとなるかが、地域の教育の自由のありようを大きく規定する。組合の闘いの力は、この合意をどう高められるかによってこそ測られるのだという思い切った判断、戦略が、恵那教組の勤評闘争において選択されていったとみることができる。

　しかし加えて、そういう運動方針の展開の中に、教育の自由をめぐる新たな理念と制度構想が芽生えていったということができる。教育の自由の実現のレベルは、単に政治権力とそれに対抗する政治勢力との力関係によって決められていくというある意味でのそれまでの運動主体の側のリアルな現状認識をこえて、実は教育の自由は、憲法や教育基本法にそもそも国民の自由や教育の本質にとって不可欠な理念、憲法的権利、教育の制度原理として書き込まれているものに他ならないという改めての気づきが呼び起こされていったのである。そして自分たちの要求や運動方針は、この憲法的な権利、教育の自由を、国民の権利として、親・国民と教師の権利として実現していく闘いなのだという自覚がその中から育っていったのである。だからある意味でそれは階級対立を超えて、子どもの教育のことを考える教育関係者にとって不可欠な制度的仕組みとして実現されなければならないし、その合意の内容としての教育的価値内容の解明に、教師はその専門性をかけて責任を負わなければならないし、その内容が真に子どもの成長を願うものであることが明確になっていけば、必ず親と教師、親と学校との共同を形成することができるという確信が、形成されていったとみることができる。

だからそれは、父母を説得して、労働者階級の側に獲得する、あるいは労働者階級としての教師の要求に対する父母の同意を勝ち取るというよりも、父母自身が直接、教育の自由の担い手になること、父母を教育をめぐる地域的合意の中に参加させることが闘いの基本なのだという気づきが生まれていったというべきだろう。その気づきは、恵那教育会議の開催を契機として、さらに明確な地域の教育の自由の制度構想へと発展していくこととなったのである。

2　恵那教育会議と憲法・一九四七年教育基本法

(1)恵那教育会議と「国民の教育権論」

父母が自己の教育要求についての自覚を高め、教育の一主体として学校教育に教育要求を提起しその実現を求めることが、父母が国民の教育の自由の主体になることであると把握されていった。しかしそれが、教師の側からだけの短期間の話し合い運動、教員組合運動の短期的な戦略の必要だけで生み出される「話し合い」であるならば、一時的なものに止まってしまう。日常的な父母と教師の話し合い、共同の学習運動が、安定した公的な制度として具体化されなければならない。恵那教組はその視点に立って、恵那教育会議を、教育基本法――旧教基法第一〇条の「教育は、不当な支配に服することなく、国民全体に対し直接に責任を負つて行われるべきものである」――の理念の具体化として、「各市町村の教育関係者（教員、校長、PTA会員）、議会文教委員、各種団体、文化人、一般市民等の代表によって構成され、凡らゆる教育問題についての『話し合い』を行い、国民的な立場においての市町村民の意志と要求の統一を図る機関」であり、「地教委の責任で各市町村に設置すべき『教育問題審議機関』として『恒久的』なものでなければならないもの」と規定した（岐教組恵那支部第九回協議委員会議案、一九五八年二月、著作集第二巻、92頁）。

恵那教育会議は、一九五八年五月に第一回が開催され、一九六〇年度には旧恵那郡の全ての市町村で地区の教育会議が設置され、最盛期には開催される地区集会参加者の合計が五〇〇〇名を上回るほどの規模となった。恵那教育会議は、「恵那教育会議」という機関紙（途中からタブロイド版化、多い時は七－八千部印刷）を発行し、恵那教育会議の「目当て」と「取り決め」を議論し、沢山の意見を集めつつ決定されていった。その「目当て」には、「憲法や教育基本法や児童憲章に示されている教育の精神、大綱、観念などを家庭、学校、社会の現場に確立し、日常生活の中に具現する」とされていた。そして「六月一五日に、第一次草案を地教委員六一名、校長六七名、教員九三一名、PTA役員九九八名の総計二〇五七名の方に配り、……七月一日までに、配付総数の約四分の一にあたる四八九通のご意見——一三〇通の修正意見を含む——がよせられ」、恵那教育会議を構成する各団体討議を経て、一〇月五日の恵那教育会議幹事会で決定されていった。一九五八年段階で、憲法、教育基本法がそういう位置づけにおいて広く学習され、その精神が合意されていったことは特筆に値する。(注2)

確かに、「教師の、真理の代理者としての教師の教育権は、親の教育権に、ある場合には対抗するものである。親にはわからずやもいるし、恣意によって子を教育しようとするものもある。教師は時として、このような親に、真理の代理者として対抗しなければならないこともあり、また親に真理を伝え、説得しなければならないこともある」(注3)。にもかかわらず、自分の要求が受け入れられた親も、自分の要求がそのままでは受け入れられなかった親もが教師の努力を支持する力として組織されていくためには、父母の教育要求の統一が進められなければならない。そのためには父母自身の認識の発展が求められるのであり、父母たち自身の議論をとおして、多様な要求の統一が進められなければならない。そのような父母と教師の共同的な認識の発展の過程は、教師集団と父母集団を核とした共同学習運動としてこそ実現することができる。そこでは両者が対等に語り合い、それぞれの考え方が尊重され、その学習の中でのそれぞれの認識の発展に支えられて、新たな合意が形成されていく。

恵那の勤評闘争では、教育の住民自治を担う教育行政組織が真に教育の自由と民衆統制の機関となるためには、単に教育委員会が親・住民の代表として選び出されることに止まらず、その土台に広範な父母・住民の共同学習運動が組織され、そのなかで父母の要求と教師の専門性とが結び合わされた共同の学習と討論が積み上げられることが不可欠であるという認識が形成されていった。そのような大衆的規模の学習運動がその土台に組織されたことにこそ、恵那の勤評闘争の特徴があったとみることができる。

恵那勤評闘争における憲法・一九四七年教基法のこのような把握は、非常に先駆的と言ってよい。日本の教育学理論、教育法学においてそういう認識が明確な理論として確立されたのは「国民の教育権論」によってである。堀尾輝久は、一九五八年の勝田守一との共同論文において、恵那勤評闘争に触れているが[注4]、この論文は、その後の堀尾の「国民の教育権論」展開の土台となったものであり、国民の教育権論発想の一つのモデルとしての位置を恵那の勤評闘争、教育会議運動がもったことを示唆していると思われる。

補足すれば、そうであるとするならば、国民の教育権論は、その発想の出発点において、決して教師の自由を絶対化するものとして構想されたのではないことが、歴史的経過に即しても明確になるだろう。恵那の勤評闘争と教育会議の運動は、教師の自由が親をも含んだ教育の自由、学校教育の自由のなかにとらえかえされない限り、教師の自由も、子どもの権利も守ることができないという考えに立つものであった。教師が親とつながる議論の場、教師の専門性と親の要求の突き合わせをしつつ親自身の要求を巡る合意形成の場を作り上げることこそが教育の自由の保障となるという理念に立つ運動であった。堀尾の理論における「教育的同意の水準」(注5)という考えは、「私事の組織化」という概念と共に、恵那の勤評闘争、教育会議のイメージと深く結びついていると思われる。

また恵那の勤評闘争は、公選制教育委員会の理念や教訓を最大限闘いの戦略の中に生かそうとしたものであった。恵那の勤評闘争方針は、公選制教育委員として大きな役割を果たし（一九四八～五六年）、その後も岐阜県と中津川市の教育行政や市政に大きな役割を果たした西尾彦朗の存在と大きく結びついている。(注6)恵那教育会議の議長は西尾が務めた。また校長会長であった三宅武夫も、教育会議の事務局長を務めた。三宅も恵那の教育運動に深く関わってきた人物である。一九五六年に教育委員の公選制が廃止されたが、恵那の地ではその蓄積がまだ温かいままで保持されていた面があったと言えよう。

また「転換の方針」（一九五七年）、「勤評闘争（方針）」（一九五七年一〇月）には、地方教育行政をどう作り上げるかという視点が非常に意識的に組み込まれている。教育委員会が公選制から任命制へと後退する中で、いかに地域に根ざした教育行政、父母・住民の声を反映した地方教育行政、教育委員会の仕組みを復活させるかということを、その運動方針においてこれだけ意識的に組み込んだのは稀なことであろう。それは、一九五六年以降の日本における公選制教育委員会制度再生への教育運動として、特筆されるものであろう。

もし勤評闘争が、公選制教育委員会の下でたたかわれていたならば、非常に豊かな教育の住民自治、地方自治の経験が全国的にも生みだされたであろうと思われる。その意味では教育委員の任命制化（一九五六年）は、地教委を地域住民から切り離そうとする動機にもとづいて、勤評を実施するための不可欠な準備として、勤評提出の直前に強行実施されたことが見えてくる。

（2）民主主義についての考え方と恵那勤評闘争

恵那の勤評闘争における父母把握、また教育の民主主義的統一戦線ともいうべき戦略、その思想は、当時においては、相当ユニークなものであったように思われる。当時の日本の革命闘争における日本共産党の方針は、労農同盟を核とする民主主義的統一戦線の構築による民主主義革命という方針であった。(注7)

しかし、恵那の勤評闘争は、憲法・一九四七年教基法の民主主義に依拠した親、住民、教師の教育の自由を守る民主主義的統一であり、その民主主義を労働者階級、組合運動も支えるという方針である。いわば教育の自由と自治を巡る統一戦線論であった。それらは、「公選制教育委員会」、「教育の地方自治論」、さらには「国民の教育権論」への方向性を持っていた。当時の労働者と農民の階級的同盟を基軸とした民主主義的統一戦線論にあっては、「市民」あるいは「親」が、憲法的権利の行使者としての立ち位置で日本の民主主義的変革を担うという主体認識は、まだ萌芽的なものであったのではないか。

勤評闘争の中ではその問題は、階級的立場と国民的立場の関係の問題として議論されていた。後の回想的文脈の中で、石田は次のように述べている。

「(「現在は、本当に階級的であるということは、プロレタリア教育を振り回すことではない。現在の情勢のなかで、労働者・農民の要求にだけ密着しておることは、階級的であるとはいえない。そこに問題があると思う。国民各層の願いか、それとも階級的かというのではなく、現在では、国民各層の願いを実現していくことが、すなわち階級的ということではないかと思う」という石田宇三郎の『教師の友』(一九五六年四月号52頁、の座談会発言を引用しつつ)……国民的なものを追求するということが階級的なのだ。……／……労働者が父母という形でもって階級性を発揮しなければいけないのじゃないかという立場を取ったのが恵那だったわけです。労働者が労働者として階級的に要求するというだけじゃなくて、父母という形で労働者が教育要求を出すという形で教師と連帯を築かなきゃいかんという立場を取ったのが、いわば教育会議の頃の問題になるわけです。」(『夜学記録』⑪、一九九〇年四月、27頁)

これは、単に民主主義的統一戦線においては、広く国民的要求を取り上げなければならないという政治的戦略という意味ではなく、教育における統一とは、教育の自由の仕組みを強固にし、憲法や一九四七年教育基本法のいう教育の自由の構造を立ち上げ、実質化すること、そのために教育の住民自治、教育における親・住民の参加、それと教師の専門性との協同による教育の自由を強めることとして教育運動が進められなければならないこと、勤評闘争は、そういう教育の自由の構造を構築する戦略をもって遂行されなければならないことを主張するものであった。この視点は、非常に先駆的なものであったと見ることができる。石田らはこの頃、そういう民主主義や自由の概念について必死で学習し、自分たちの運動の理念を明確化しようと努力していた。その際に大きな力となったのは、当時の世界教員連盟（委員長アンリ・ワロン、書記長ポール・ドラヌー）の考えであり、恵那で広く購読された『教師の友』に紹介された議論であった。(注8)

『教師の友』を舞台とした、国際的視野を持った、そして当時の共産党系左派を中心とした、ある意味で開かれた自由な議論の場をバックに持つことによって、石田たち恵那の教師は、自分たちの教育運動の理念や方法、戦略を位置づける積極的な理論活動を展開したのである。そしてそこには当時の左派の教育運動に大きな影響力を持っていた矢川徳光なども深く関わっていた。その議論を介して、国際的視野をもった非常に創造的な教育の自由、教育の民主主義のありようへと接近していったのである。

恵那の運動は、当時から大きな議論の的となり、全国的な統一闘争の戦術と異なる恵那独自の行動選択に対する批判も多くなされた。しかしまた、七〇年代の中津川革新市政の確立という形で、恵那地域も七〇年代の政治革新の大きな流れの中での先進地として再登場した。その大きな力は、西尾彦朗が市長となったことにも象徴されているように、恵那の地に形成されてきた民主教育を進める運動の蓄積、統一の力が大きな役割を果たしている。そして七〇年代には、「地域に根ざす教育」の最先端において、豊かな教育実践を生み出していくこととなった。恵那の地では「政治」闘争が捨てられたのではなく、教育問題に即した「深い政治」が粘り強く追求されてきたのである。政治闘争と教育闘争、政治的価値と教育的価値との独自の統一のあり方について恵那方式が持っている意味について、深く解明していくことが求められている。

3 「教育正常化」攻撃を経て、新たな教育運動の展開へ

勤評闘争と恵那教育会議のあと、岐阜県では教育正常化という名の教職員組合員への組合脱退攻撃が激しく展開する。この中で、岐阜県教組の組合員は八割が脱退させられた。しかし恵那教組では逆に八割が残った。

教育正常化の嵐が吹きすさんだあと、学校教育現場は大きな困難に直面する。それは先進的な教師たちが攻撃の矢面に立たされ、深い傷を負ったということもあるが、同時に教育正常化攻撃の真のねらいが、組合運動に結集する教職員のイニシャティブによる創造的な教育研究活動、教育実践を抑圧し、財界の求める高度経済成長期に対応した人的能力開発政策にしたがった人材育成のための競争的教育を推進するためであったことに拠る。また、高度成長の下で、地域の生活が変化し、子どもの生活にも大きな変化が現れ始めたことも原因の一つであった。

この時期、一九五〇年代前半に大きな広がりを見せた生活綴方教育も、全国的に退潮傾向を迎えつつあった。恵那地域でも、生活綴方教育実践が退潮し、恵那教育科学研究会（教科研）が教育研究運動の中心となり、教科の学習によって子どもに科学的認識を獲得させるという方向での教育実践が強調されるようになっていった。

石田は、恵那教組の専従役員として勤評闘争の先頭に立ち、また恵那教育会議の組織者として活動し、教育正常化との闘いでは岐阜県教組の専従書記長（一九六三、六四年度）として活動し、恵那地域の教育研究運動との関係が一時期薄くなる。そして教組の専従としての任務が終わって教育現場に戻っていったとき（六五年度）、子どもたちの生活や人格の変容に直面し、また五〇年代に展開した生活綴方教育が実践できない困難に直面して、再び「子どもをつかむ」課題に挑戦し、一九七〇年代における生活綴方教育の復興に向けた歩みを開始していく。

一九六三年からの教育正常化攻撃では組合の立場からの転向の強要という事態を通して教師一人ひとりにその思想、価値観の確かさが試され、また教職員組合の団結の強さが問われた。この攻撃の厳しさの一つの要因は、一人ひとりの教師が孤立化させられ、抵抗の基盤を教師一人ひとりの意思の強さ、価値観の強さというところに置かざるを得ないようにするような手口が使われたことにある。そのために教師個々人が過去に犯した過ち、家庭のなかの封建性、人事異動による夫婦別居などの強制、教頭や校長への昇格の拒否、さらには教師に対する長時間にわたる監禁にも等しい「脱退勧奨」、地域のボスや保守的なＰＴＡ幹部による村八分的脅し、等々――徹底して個人個人をバラバラにし、組合の力だけでは十分に対処しきれない手口が用いられた。一人ひとりが孤立させられた上で、教師は裸の状態で権力的な圧力と対決させられたのであった。このような攻撃に対して抵抗し得た教師の強さは、一人ひとりの教師の価値観の確かさにあるということもできるだろう。しかしそれは、単に意志が強いか弱いかという個々の教師の性格の問題だけで考えられてはならないものであるように思う。

組合からの脱退を強要される中での教師の立場は、確かに労働組合員という自覚を基本とするが、同時に、民主教育を進める立場であり、そのことが生活綴方教育運動の伝統や勤評闘争をたたかい抜く中でより強められていったと思われる。だから、労働組合の立場と民主教育実践に責任を負う立場とが強固に統一されていたと見ることができる。しかもそのことが自己確信として教師の心の中にあるだけではなく、生活綴方教育や勤評闘争での親の中への説得工作によって、いわば公言された、したがって親に対して宣言された教育的良心ともなっていたと見ることができる。組合に結集する一人ひとりの教師が、同時に地域に、地域の親に見つめられ支持されている自らの教育的良心を捨てることはできないという思い、地域の教育の自由の中に位置づけられた自分の教師としての責任を捨てることはできないという思いが、恵那の教師たちの抵抗の強さを支えた一つの要因であったと見ることができるだろう。その意味では、教師の中でのそれぞれの「教育の自由」は、地域の教育の自由から願いを託された教師の責務を担ったものとして、だからそれを権力に譲り渡すことはできないものとしての自覚を伴って捉えられていたのではないだろうか。
組合の団結は単に教師たちの要求実現のためだけではなく、父母の教育要求を実現していく上での必要不可欠な団結であることを教師自身が深く自覚していた。恵那の勤評闘争は、親の教育要求に応える教師集団へと自らを作り替えることによって、教師の団結を高め、地域の教育の自由を高めていったのである。そしてそのような中で、組合の立場は多くの父母によって支持されるものとなりつつあったのである。だから恵那では、ある意味で、組合切り崩し攻撃への抵抗は、自分たちを支持してくれていた親への裏切り行為に走ることはできないという思いをともなったのではないかと思う。
恵那の地の父母と教師のこの強固な心の繋がりは、教育正常化攻撃への抵抗を経て、「民主教育を守る会」の運動の急速な展開を支える力となったと思われる。さらに一九六八年の革新中津川市政の実現、中津川教育市民会議の結成へとつながっていった。

（※この章は、『石田和男教育著作集』第二巻の「解説1」を大幅に加筆、修正したものである。）

［注］
（注1）『教師の友』の恵那地域での購読については「恵那の夜学第1夜：開校式一九八九年四月一八日」の記録で石田は以下のように書いている（恵那教育会館所蔵）。「この恵那の地域では当時三百余名の『教師の友』の

読者がおったというふうに思うわけですが、『教師の友』による結びつきは強かったけれども、それはこの恵那の地域というところで強かったというだけではなくて、全国的にも『教師の友』の読者であるということでの信頼と友情や連帯のそういう気持ちというのは非常に強かった。今地域民教というような形で全国連絡会みたいなものができたり、いろいろな動きがあるのですけれども、今そこへ結ばれてきておるような地域の人々は、みんなかつて『教師の友』の読者として結ばれ合っていたような人々だというふうに言えます。」（19頁）

（注2）恵那教育会議の実態については著作集第二巻に収録の「論文7〔夜学講座〕恵那教育会議のこと」に数値も含めて詳述されている。

（注3）宗像誠也「教育権をめぐって――教師は文化・真理の代理者」『教育評論』一九六〇年五月号、13頁。

（注4）堀尾輝久『現代教育の思想と構造』岩波書店、438頁参照。なお堀尾は、当時恵那の勤評闘争と恵那教育会議の調査に参加している。

（注5）同前、446頁。

（注6）西尾彦朗は一八九八（明治三一）年五月三〇日生まれ。一九三一年岐阜県蛭川（ひるかわ）村の蛭川小学校長となり、教育によって村の振興をめざす「興村教育」をすすめる。四八年、校長を辞し、公選制教育委員選挙で岐阜県の教育委員に当選、県教育委員長も務める。任命制になり辞職し、五七年中津川市教育長、六七年市議会議員、六八年市長当選、七二年二期目無投票当選し、革新市政を担った。

（注7）上田耕一郎『上田耕一郎著作集』第一巻参照。当時の共産党の統一戦線論からすれば、基本は階級的構造を持った民主主義的統一戦線であり、その核心に労農同盟があるという特徴が非常に強い。そういう点で、地方自治とか教育世界の固有の民主主義の価値を社会発展の構成力として捉える視点、また国民や親、地域住民の教育問題での憲法と教育基本法の論理に依拠した組織化や制度化が、社会が発展していく推進力になるという理論枠組みは、なかなか了解されることが難しかったのではないか。

（注8）『教師の友』に関わって、勤評方針の議論が展開されていた様子は、石田によって、たとえば以下のように記されている。「このことは、当時から提唱されてきた日本を革新していくための統一戦線にもかかわることで、教育における階級性のとらえ方を含めて、国民教育における階級的同盟の問題としての考えで出してきたというような問題があります。真に日本を革新するためには、日本革新のための統一戦線というものにおける教育の問題ということを一体どういうふうに捉えるのかという問題になるかと思います。こうした政治と教育の関係のことが、教師と闘いの問題として『教師の友』誌上で最も激しく論じられ、扱われたのは、一九五八年の勤評闘争問題であった。誌上の上ではそうなのです。全国的には恵那教組の勤評闘争方針とそれへの批判というような形で問題になったわけですが、一見内部的とも言えるようなそういう違いの問題、全国的な組合内部のそういう論争ということにもあらわれるような、そういった内部的とも言えるような違いの問題を、このように『教師の友』の誌上で大いに公然と大胆に問題にし合ったところに『教師の友』の自主性と先見性があったという問題だと思います。それは組合内部の問題だとかあるいはある運動の内部の問題だとかということで全国的に問題にはしないというようなことでなくて、その違いの持つ意味というものを『教師の友』は真っ先に取り上げて、それを集中的に論議したというようなところに日本の教育の運動の上で『教師の友』の果たした役割はまた極めて大きいものがあるというふうに思います。」（注1と同じ資料・21頁）

第三章　「子どもをつかむ」思想と方法の展開

――「地肌の教育」から生活綴方の再興へ

1　体感された「教育実感」

一九五〇年代において、石田たちが生活綴方教育の実践においてつかんだ「教育実感」は、その後にたえず立ち返り、深められていく「子どもをつかむ」思想の原体験として、深く教師たちの身体に刻まれていったものであった。

石田たちが「子どもをつかむ」という思想に絶えず立ち返るのは、この「教育実感」こそが、教育の仕事の質を判断する最も根底のいわば体感的な基準として、この期にこの地の教育運動に参加した数百の教師の身体に刻まれているからだろう。だから、転換点においてなされる「子どもをつかむ」という提起、「子どものつかみ直し」の提起は、もう一度あの「教育実感」に到達する教育実践の回路を切り拓こうという呼びかけになり、またそういう実践を可能にする子どもの内面の可能性、子どもの内面の人間的真実を再度発見しよう（つかもう）、そしてその子どもの人間的真実を子どもと共に生きる教育実践を再発見しようという呼びかけであったと捉えることができる。

石田は、「教師の教育実感の追求」を課題として提起している（著作集第二巻、274、280頁）。あるいは「地肌の教育」の運動の提唱が「人間の荒廃から、人間の復活という、大げさに言えばルネッサンスのようないきおいだった」（266頁）と述べている。「何ともならん三無主義の典型のような子どものなかに、実は、人間的な部分があったんだ、という喜びと感動を多くの教師が味わった」（267頁）とも述べている。石田は、教育というものがその最も根本において、手応えある子どもへの働きかけとして実現しつつあるという「実感」をこそ大事にする。そして「実感」を追求せよと、恵那の教師たちにも求める。最も深い教育の実感を自らの向かうべき教育実践において、再び味わえるようにするにはどうするか、その「実感」の再獲得に向けて、時々の教育実践を工夫せよ、困難を切り拓けと呼びかける。五〇年代の生活綴方教育の「実感」は、困難に直面したときに振り返り、新たな視点をくみ取るべきラジカルな原点的体験として、石田の中で、恵那の教師たちの中で働いていった。石田のいう「魂の技師としての教師」とは、その根底にある教育の深い実感――「魂があいふれる」実感――を生きることができる教師の姿に他ならない。それらは、石田や恵那の教師たちの共有体験として、また長期にわたり恵那の教育を推進したエネルギーとして働いたものであった。その「実感」について石田はいろいろなところで、「驚き」と感動を伴うものであったことを書いている。

「教師自身が自ら実践として納得するまで追求するということが必要だと思う。それも感情的に納得するだけではなく、教育実感として納得できるように、同時に教育実感を支える教育理論として納得できるように、われわれはこれから勉強したい、私はそう思う。」（著作集第二巻、280頁）

「生活綴方という方法によって、表現と、子どもたちの認識というか、物の見方とか考え方と当時でいえばいわれていたような子どもたちの人間的な思考の発達というものが、実際にそういうことを可能にする方法があるという問題として、教育の方法に対する生活綴方が持っていた、表現するというものが持っている特性に対する驚きの問題。」（同186頁）

「何より私たちが大きく揺さぶられてくるのは教育における自発性の問題、当時で言えば『やる気』というふうな言葉ですが……そういった驚きというものをいっぱい具体的に感じることができてきたのです。」（同186頁）

「当時の言葉でいえば、値打ちのある人間にならなければならない、一体値打ちとはなんぞやというふうな問題が子どものなかで具体的に追求されていく。そして、そういうものに向かって子どもたちが生活を切り拓きながら自分自身の人間を組織していく。自分自身の人間の値打ちへ向かって子どもたちが組織していくという活動が教室の中で実際に展開されていく。……」（同187頁）

石田は、この体に刻み込まれた「実感」に到達できない教育は、本物ではないと考えて、時々の教育実践の質を批判的に吟味していった。石田の教育実践への思考は、ある意味で、五〇年代の生活綴方の教育実践の原点に立ちかえる性格をもっているように思う。注目したいのは、そういう原点が、同時に時々の新しい矛盾の展開に対して、新しい視点を生み出すような構造をもっていたという点である。

例えば、「地肌」としてつかまれた子どもの人間としての姿、あるいは子どもの「肌触り」は、五〇年代の生活綴方の中では、いわば当然のものとして、子どもの綴方の中に現れており、生活を生きているというリアリティとして組み込まれていたものであった。しかし六〇年代後半の子どもたちからは、それが剥奪されていた。そのギャップの感覚を、何が欠けているのかと吟味していったとき、そこに「地肌」と表現することができる質があることにあらためて気づき、その欠落をどう再構築するかが理論課題、実践課題として据えられ、教育学的認識の枠組みそれ自体の再構築へと進んでいった。その探求の中で、「地肌」とは、生きる上での「値打ち」に向かう構えであり、その人格の自主性を形成している根源にある人格の能動性、目的意識性として把握する。そしてその根源的な目的意識性や能動性は子どもが生きる自覚を高めることによってしか再構築できないと把握し、六〇年代から七〇年代の状況の中での子どもの生活の意識的再構成のための新たな教育実践の探究を開始していくのである。

恵那と石田はこの「教育実感」という原点から、その時代の「子ども」の把握に向けて、新たな探究を進める。一九六〇年代後半からのその画期は、大きく分けて、①「地肌の教育」の展開の時期：一九六五〜七〇年、②第二期生活綴方教育再興の時期：一九七〇〜八〇年、③「否定の否定の芽」を子どものなかにつかむ挑戦：一九八〇年以降、という三つの段階に区分することができるだろう。この章では「地肌の教育」の展開を検討する。

2 「地肌の教育」の展開

(1) 「学校は砂漠」状態からの「教育実感の回復」

教育正常化攻撃のあとの学校現場の状況を、石田らは「学校は砂漠」と表現した。この時、課題の全体をとらえ、その子ども把握に向けて、「教育正常化」後の学校と教育の現実との対比で五〇年代に体感した「教育実感」が想起されていく。石田は、多くの恵那の教師たちの間に広く蓄積、共有されていた教師の「教育実感」を呼び起こし、「砂漠」を超える教育を回復しようと呼びかけていった。そのために、子どものつかみ直しを教育運動として提起した。それに応えたのが、御坂の豆学校運動であった。あるいは「教育調査」「子ども調査」であった。子どものなかにある本心としての表現を引き出すことが不可欠であるとして、多様な表現活動を試みた。川柳、替え歌、新聞、等々。子どもの表現を通して、その表現されたものの中に子どもの本心をつかもうとした。

「教室や学校というものから人間の肌の温もりというものが全くなくなってきている。さらに、学習とか授業というものの上ではいわば生活の泥臭さというようなもの、生活に根づくようなものが全くなくなっている。そして子どもの集まりは、仲間の喜びと悲しみというふうなものを全然知ることができない。……何よりも魂があいふれることもない、魂の交流のない教育という……に今の教育を特徴づけることができるのではないかと思うのです。」（著作集第二巻、183頁、傍点引用者）

（2）「さくら教科書」の独自の分析

その時、子どもの内面の真実とは何かに関わって、新たな変化が子どもたちを取り囲み始めていた。それは「愛国心教育」政策が、子どもの内面の価値、生きる目的を制御し、組織化する深さをもって子どもの人格をとらえつつあるという事態であった。この事態に対処するためには、もういちど子どもの生活の事実に即して子ども自身が自分を見つめ、その中にある人間的な願いや値うちを意識化し、それと科学の学習とを結合し、自主性を子どものなかに再構築していかなければならないと考えた。そのためには、子どもの人格のありようを捉える理論と実践を切り拓く必要があった。

その際に、「さくら教科書」に対する独自の分析視角をもったことは、非常に重要なことであった。一九六八年の「教育反動化の新たな段階と民主教育への展望」（著作集第二巻、論文16）において、石田は以下のような分析を行った。

①今、子どもを「無気力・無関心」として把握しようとする分析があるが、そうではなく、「積極的に新しい体制の中に、自主的、自発的、創造的に組み込まれていく子ども」（215頁）が育てられようとしている。「生きていく目的や、価値を自分の側から決めていくのではなく、その体制に合うように、自分の生き方が決められていく、そのように生きている状況」が作り出されようとしている。

②「さくら」が教科書の中にいっぱい登場して、「日本の子どもだという自覚をなんとかしてもたせようとしておる。桜は日本を代表する花、新幹線は日本を代表する乗物、富士山は日本を代表する山、日の丸は日本を代表する旗、あなたは日本を代表するそういうものにしたがわねばなりません。日本を代表するものは美しいですね、立派ですね、とくりかえしくりかえし日本という国を子どもたちの頭にたたき込もうとしている。……どうかして日本というもので子どもたちの心をうばってしまおうと四苦八苦し」、「日本を代表する形を彼らがかってに創り上げ、心情に訴えるように、子どもの心に深くやきつくように、だしてきておる。」

③「われわれの反撃は、やっぱり彼等が『愛国』という方向で、『自主性』を強調しながら、

心情にうったえ、体を通す、という方法でかけてくる教育の攻撃に対して、私たちも真正面からそれにぶつかっていく教育の実践の仕方が必要で、子どもたちがそこで逆にはねかえしていけるようなそういう働きが教育の基本にならなければならない。そのねらいに対抗し、粉砕するためには、「子どもの心、子どもの魂をゆさぶっていくという教育の一番基礎のところでわれわれが今立ち向かう必要がある……。／どうやって粉砕するかといえば、子どもと一緒に粉砕する。その場合いちばん基本で重要になることは、子どもたちが自分の心のほんねをはき出す、はき出させること」（225頁）だ。「人（他人―引用者注）の価値判断にゆだねないで自分が自分の生活の実感で価値判断をすることが自主性の一番のもとなんで、子どもたちが自分の本心で教科書にある物事などについての判断を自分でやっていくということのなかに、自主性というものがある。」（225頁）

④加えて重要なことは、「僕たちも愛国という方向で教育しなければならないということだ」（224頁）。「自分の心から国を、祖国を愛することのできるような、そういう国を造ること自体が愛国心だと思う」（226頁）。そのためには「侵された民族の主権を回復する」、「日本国憲法の民主的平和的精神の具現を求める」、「正しい郷土愛を育てる」三つの視点が必要だ。

すなわち、人格の核心にある自主的価値判断力に対して新たな教育政策の攻撃が始まっていることとして政策動向を分析し、真の自主性を回復する教育、自主的判断力の回復を教育実践の課題に据え直すことを、「地肌の教育」として位置づけたのである。加えて、その価値意識は、現代社会の課題に対する主体的判断力にまで進む質を持つものへと発展させられることが必要であることを「愛国心という方向で教育する」こととらえ、それは地域に根ざすベクトルを持つべきものであると把握したのである。(注1)

(3) 石田の六〇年代への批判――日作の理論、恵那教科研の教育理論への批判

「地肌の教育」の教育学認識において最も中心にあったのは、①一九六〇年代の日本作文の会の綴方についての理論の変化、②恵那教科研の理論と実践、への批判であった。その批判は、一九六〇年代半ばにおいては、日本の教育運動の中では先駆的なものであった。その点において「地肌の教育」は、戦後民主教育の展開の中においても、特筆すべき位置を占める。特に恵那教科研の中で展開された「科学と教育の結合」の論理がもっていた科学主義的な弱点に対する批判において、石田等の批判は説得性をもつものであった。

一九六六年の石田の論文は、以下のようにそれら両者への批判を展開していた。少し長いがそのまま紹介する(著作集第二巻、論文13「当地域における戦後の民主教育運動と現代の課題」)。

「それらの中心で言えば、『生活綴方的教育方法』を当時国分一太郎氏などがひどく提唱した。『生活綴方の精神』というものが『的教育方法』という言い方になり、さらにその

方法でもって他を譴責していくことがそこから学ぶべき重要な遺産なのだという問題が提唱されてくるに及んで、それらはやがて作文法というような名前のものとして具体化されて、生活とも綴方とも縁もゆかりもないようなものにずっとなっていく問題も当然含んでくるわけです。／あるいは『生活綴方的教育方法』といわれる問題が、実際には、人間の把握という問題において、人間の教育という場合に認識を中心とした教育、認識論という格好で議論が展開され、それがそのまま人間教育論なる教育論になっていく。そういうふうに、『的教育方法』というのは、いろいろな意味でのかつての生活綴方の『生活』を忘れたり、魂あいふれての『魂』を忘れたりというような問題を実際に呼び起こしてくるわけです。」（190頁）

「当時、質の高い教育という問題が国際的にも提起されてくるわけですが、そういう中で、教育の追求というものが、実際には、質の高い教育を推し進めるために科学的でなければならないし、系統的でなければならないというようなことが、ここでは教科研究とか、教科と教材とが絡み合ったような格好で、実際には研究の内容が教材研究というものに移って、子ども自身が研究の素材とされない状況が生まれる。教材というものが教師の研究の対象、中心になってくるという問題が、運動の上でも起きてくるわけです。そういう生活を失い、魂を忘れた研究が実際には進んでいく。自分たちはなかなかそれに気がつかないにしてもそういう状況がある。そして教科研というものが、教育科学の研究ではなくて、実際には教科の研究会という動きになってくる。教育科学研究会ではなくて、各教科研究会という形で運動が進められた。そういうふうに抜けていったものが本当はたくさんあった。」（190頁）

「……教育に人間を取り戻さなければならんし学校を取り返さなければならんという問題はいつも提起はする。提起はするけれど、実際にはそれを生活だとかあるいは全体の人間みずからの表現、あるいは要求の発動というふうなものとして発展させていくということより、科学的な知識とか、教科だとか、教室だとか、授業とかいうふうな問題として追及していこうとするために、その矛盾というものがより深まらざるを得ないという問題が沢山あっただろう。／うんと端的な意味でいえば、学力さえつけておけば間違いがないというような論理といいますかとらえ方。とにかく教育というもので子どもたちに学力さえつけておきさえすれば間違いない。それで、一体学力とはなんぞやという問題と、それから未来へつながる学力というふうな問題がだんだん出てくる。そして学力というものが実際は全国的にも提唱されてくるわけですが、現代化、科学化というふうな意味での提唱の中で出てきている教科の科学性、あるいは系統性というような問題とか、それらを中心にして知識をどう子どもたちに受け取らすか。だから、その場合の授業論というものは、子どもの自発性を引きだすということを口にはしながらも、実際にはどう授業をうまく展開していくのか、子どもにどうそれを押しつけていくのかというような問題としてしか作用

しなかったという問題は沢山あったのだろうと思うわけです。」（192頁）

「どんな人間を作っていくのかという問題が、どういう学力をという問題だけで、実際には人間そのものの追求と、教育の基調というものがどこかへ放られながら、どれだけの学力を付けていくかという問題としてのみ論点がハッキリされてくるという問題になったのではないかと思うわけです。」（194頁）

これらの論理の検討は、次章以下の展開のなかでそれぞれの文脈において行う。ここでは一九六六年の時点において、恵那地域のそれまでの教育実践と理論の展開に対する内在的な批判として、このような議論が提起されていたということの確認に止める。（注2）

（4）「地肌の教育」の展開

教育正常化攻撃の上に展開された教育支配の方法は、単に政治権力の権力的介入というよりも、今日展開されているような目標管理体制であり、教師の専門性を技術的専門性に矮小化して、権力の目的を忠実に実現させる方法であった。そこでは教育価値の争奪という対抗が非常に明確に意識され、たたかわれていた。岐阜県で実現された一九六〇–八〇年代の攻撃の手法は、むしろ八〇年代から二〇〇〇年代にかけて全国化したような方法を含んでいた。それは国旗・国歌強制、教員組合の解体、目標管理体制、教育内容や価値選択への教師や組合の関与を絶対排除するという支配体制、教育実践をスケジュール化して管理するカレンダー体制、学力競争体制と学力攻撃、等々として具体化されていった、これらは一見、政治主義的な保守反動の攻撃と見える側面があったが、人格形成政策として新たな質をもつものと石田たちは捉え、単に政治的レベルでの批判で抵抗するだけではなく、新たな子どもの人格の立て直しともいうべき教育実践の全体性をもって対抗しなければならないと考えた。

「地肌の教育」に始まる七〇‐八〇年代の恵那と石田の教育実践と教育学認識の一つの特徴は、いわばポスト・モダン状況――その意味をここでは、知や科学が、資本の側の文脈において強力に管理され、自らの生活世界をもその資本の植民地として生きざるを得なくさせられるなかで、人々が、知や科学の意味を支配的な文脈からしか把握できず、本来の変革的価値、自己主体化的価値として科学や文化を獲得することができないという矛盾の広範な広がり、という意味で使用する――による教育の疎外ともいうべき事態に対抗する性格をもっていたことにあると思われる。もちろん当時、石田たちがそのように規定したわけではないが、戦後日本の教育実践の大きな流れの中に捉えるとき、そういう把握がなされていいのではないか。具体的に見れば、以下のような変化と課題についての認識として把握されたものであった。

①科学的な知識が、受験学力的な構造の中で単なる知識として獲得され、それらが生き方とも、また科学的認識能力の形成とも分断されて展開しているという把握。子どもたちの生活意識の

側から学習の意味が把握される回路が断ちきられ、知の習得は、もっぱら学力競争という競争の論理によって意味づけられ、意欲づけられる事態が急速に浸透していったこと。
②文部省が押しつける教育課程に、新たな社会意識や共同性意識を権力の意図する価値にそくして子どもの中に立ち上げようとする新たな支配の方法、人格全体を改造していく教育の構造――いわば体制に従順、従属しつつ「自主的」に生きていく人間像の探求へと踏み出しつつあること――が具体化されつつあり（「さくら教科書分析」がそのテーマを明瞭にとらえていた）、これに対抗する教育実践と教育学認識が不可欠だとする判断。
③地域に資本の作り出す商品化社会、消費社会が展開し、地域の労働が子どもの生活から消え、子どもの生活が学校や科学を意味づける仕組み、教育力を喪失しつつあり、それに変わる教育力を地域に意識的に回復するという新たな教育の方法を創り出さなければ、子どもの主体的な生き方と学びの姿勢が形成できない地域と生活のありようが展開しはじめたこと。人間として思考していく拠点としての地域と生活をもてなくなっているという、子どもの生活の構造的変化が進行していること。
④それらを貫いて、人間の主体性を争奪し合う教育におけるたたかいが、権力とそれに対抗する運動の間で展開する段階に入ったという認識に到達したこと。そのためには、そもそも子どもの全人格構造をとらえ、その中で、知識と人格的諸要素（価値の意識、意欲、目的意識、共同的に生きようとする人間的本質、生活意識、表現、等々）との関係構造を解明し、主体性や意欲や生

活への能動性の全体を子どものなかに統一的に再構成する教育学理論、教育実践の方法論を切り拓く必要があるという課題の自覚。

そこでは、科学すらもが、支配的な体制の中で生きるための術としての意味において習得され、人間を体制化する知として機能させられていく。受験学力競争はまさにそのように知を改造し、知の習得が支配体制への同化の競争として機能するようなシステムを出現させつつあった。子どもをこの「体制」に対抗する変革の主体として形成する主体化の教育――「地肌の教育」――と結合することにおいてはじめて、科学を、子どもの生き方を拓く知として作用させることができると捉えたように思われる。(注3)

(5)「地肌の教育」の教育学認識

「子どもをつかむ」方法は、このような状況に直面して、「地肌の教育」の中で一段と深められていく。そこでは、「地肌」「立場」「値打ちの意識」「地肌を磨く」等々の概念――ある面では直感的な把握――が「発見」され、深められていく。そしてこの内面の真実という深さにおいて、子ども自身が、自分で格闘し、新しい価値を発見し、その価値を核とした新たな値打ちに向かう生き方を組み立てること、それが子どもが自分をつかむことであるという認識を共有していくようになる。「地肌の教育」は新しい段階において、「子どもが自分の中に方針を作れ

る」ということのより深い、人格内部の構造認識をともなった教育の思想や方法の探求へと向かったと見ることができる。（注4）

石田は「地肌」概念についていくつかの規定を試みている。

「……いつのまにか、教科研運動は、教材研究運動になっていって（第二期教科研運動）地肌に衣を着せる、その衣のよしあし、そのきせ方だけが問題になり、研究は枯渇し、みずみずしい実践がなくなっていって、『教育正常化』攻撃のなかで、それでは対決できぬことが明らかとなった。」（著作集第二巻、202頁）

「生活と生産から切り離され生きる方向を持てずに苦しんでいる子どもたちに、生活を取り戻させ、生活に根づいて、生活を変えていける人間をつくる『生活教育』を、今この地域の状況のなかで具体的に表現し『地肌をさらけだせる教育』といってみた……」（同203頁）

「今の学校を支配しているのは、地肌をかくすことだ。衣をきさせ、地肌をかくし、人間でなくしていく。衣は指導要領であり、教科書と赤本だ。それだけでは出てくる矛盾を解決しきれないで、鉄砲を持たないだけの軍国主義の衣をきせる。それに対して、われわれの衣は科学だということでそれをきせているから民主教育をやっている、というのではいけないのではないか。」（同）

「『地肌のでる教育』は、子どもの無気力、無関心に依拠するのではなく、自発的な積極面を見出し、引き出し、学習に主体性を持たせ、その生活を現実的に改革させる教育であるため、子どもたちの現実を無視することなく、人間的現状から出発しなければならないが、そのためには、たえず、子どもたちの人間的現状を正確に把みとらなければならない。『教育調査』は、子どもたちの『表現』『行動』の観察と共に欠くことのできない科学的な資料を与えてくれるものとして研究を創造的に進めなければならない。この場合、子どもたちの人間的状況は単に、生活の現象、形態として把えるのでなく、認識の結晶体ともいうべき意識の部分においてとらえることが必要ではないか。／………『地肌のでる教育』においては、地肌の質を高めることをたえず心掛けねばならない。それは、人間の質を高めることを意味するが、『表現』『集団』『教科』等における地肌のあらわれは、それによって、地肌の質をゆたかにするが、地肌の質の高まりは、また地肌のあらわれをよりゆたかにするという関係を伴うからである。その場合、『地肌の質』ということは、現実生活との関係において得られる人間的自覚の高さともいうべきものであるが、それは、単に人間的自覚というだけでなく、民族的、民主的な内容としての人間のねうち、（権利）の意識なのである。……」（著作集第二巻、200頁）

ここには、石田が「地肌」という概念に、子どもの内面の真実としての目的と価値の意識の能動的な表れとしての生きる構えの統一された姿をとらえ、それに働きかけ豊かにしようとする教育実践の方法意識が集約的に表明されている。教育学研究と教育実践の教育学意識を、教科の科学化に焦点化し、その「科学」が確かな人格の形成に自動的に繋がるかのように考える科学主義的な傾向に対し、「地肌の教育」は、子どもの人格の全体を教育実践の対象として据え直すことを正面から提起しようとしたのである。(注5)

しかし「地肌の教育」において、未だ探求の過程にあって本格的に挑戦されていなかったもの、そして石田たちの「教育実感」において最も深く刻み込まれていた、子どもが自分自身の生活の現実と向かい合うという実感を教育実践として取り戻すためには、およそ五年間の試行錯誤を経つつ、やはり、生活綴方そのものの復興をおいて他にないとの方向で、新たな挑戦が開始されていくこととなった。

子どもが自分に対して「方針を持つ」という「教育実感」の達成は、子どもが自分の生活を綴るという方法によってこそ可能となるのであり、子どもが自分の生活と意識的に向かいあい、それを再構成していくためには、書き言葉によって生活を対象化し、自らの生活を再構成する「綴方」という方法で切り拓くほかにないという一つの選択、決断が、西小学校の達成を土台として、一九七〇–七一年度に、恵那の地でなされたのであった。そしてそこから二十数年間、恵那の地では生活綴方教育が、学校教育のなかに再び組み入れられることとなったのである。それは、子ども自身による最も意識的な「自分のつかみ直し」、子ども自身による「生活の意識的再構成」への挑戦であった。このことを土台にして、生活綴方の精神が、恵那の教育として、教育の全体構想に向けてあらたに展開しはじめるのである。

3 「子どもをつかむ」教育の思想

恵那における生活綴方の教育を再興させたその根本に、恵那と石田の「子どもをつかむ」思想と方法がある。それを改めて検討しておきたい。

恵那において深められていった「子どもをつかむ」思想と方法は、この地に深く展開していった生活綴方教育実践のなかから生みだされてきたものである。生活綴方を通して子どもの内面の真実をつかみ、その真実をより確かなものにし、その真実を共に生きようとした綴方教師が獲得していった子どもの捉え方、子どもへの働きかけの方法、その中での子どもの成長の本質、教師の立ち位置等の全体性を持ったものが、「子どもをつかむ」思想と方法として切り拓かれていったのである。

石田の「子どもをつかむ」思想と方法の全体像を捉えるためには、石田の「子どもをつかむことについての補足的説明」（一九七六年、著作集第二巻、以下の頁はこの論文の頁を指す）を読みなおすことが欠かせない。ここに石田の「子どもをつかむ」という論理と思想の全体が、哲学的な深さにおいて描き出されている。そこには、石田の個々の言葉を取り出して「子どもをつかむ」とは「○○」ということだという説明を許さない緊密な全体性において、その本質が展開されている。この論理の凝集的な展開に圧倒される。

(1)「子どもをつかむ思想」の全体構造

その論理の全体構造を描写してみたい。

①石田は、「子ども(人間)が社会的諸関係の総体である」(201頁)という原点に立ち返り、だとすれば子どもの発達を捉えるには、「それが存在する社会的諸関係とのかかわり」(201頁)においてて子どもをとらえ、「生活との関わりで人間を変える」(201頁)ほかないとする。社会的諸関係の具体的なありようは生活として存在している。だから子どもをつかむことは、「子どもの人間としての総体を、現実の生活の総体との関係において考察し、発達の矛盾の実態を探り出すこと」が欠かせないとする。この原則的な人格把握の方法が、「子どもをつかむ」ことの基盤におかれている。

②石田は、教育実践においては、その子どもの「内面活動」の矛盾、すなわち「子どもが人間的に変わる環としての問題」(202頁)をどう把握するかを問う。現実には、「問題に対する内面活動が希薄になっていると共に、外面と内面が結びつかない傾向」の強まりのなかで、「子どものなやみやねがい、要求など」の「外面に見られる問題」を、「子どもの内面まで含めた問

題の大きさとして、どう理解し、それをどのように子どもに意識させ、自覚的に発展の方向を持たせ、行動化させるか」（202頁）こそが、この「人間的に変わる環」をつかむことだとする。そしてその内面（の環）は、「（子どもの）生活実感として、内面の真実をつくりだしている生活の事実をありのままに見つめさせる（綴り再現させる）ことによって、真に子どもの問題として意識化させることができる」ものであり、教師は「（その）子どもの変革の環となり得る（させ得る）問題をどのようにするどく把み、それに教育作用を与え、子どもに自らの発展の方向と行動の方針をつくらせる」かが、「教育的な着目の的確さ」として問われるとする（203頁）。

③この「子どもを変える内面の問題の大きさ」（204頁）は、「現実の生活としての自覚的な生き方と、社会的認識としての科学的知識との、子どもの内面における統一の総体」（204頁）として存在している。だから、「社会的認識の一般的な発達を獲得させることをぬきにして、内面の問題の大きさを、子どもの内面活動の強さとして生み出させることはでき」ないとともに、「同時に社会的認識の高さは、生活経験の基礎をもっていてこそ内面の問題として実感でき、内面活動を強めることができるものである」。この「内面における統一の総体」を、子どもの内面の真実として発展させることにこそ、教育実践の根本課題があり、同時にそのことのなかに生活と科学の統一のもっとも根本的な要請がある（204頁）。

④このことを子どもの生き方という面から捉えるならば、「子どもの内面の中心的問題は、通常、生活と人間との矛盾――事実と認識との矛盾となって存在しているが、それを生活実感の

事実としてありのままに表現し、客観化することには、自らの生活のなかでの生き方の矛盾を明らかにするという点で、今日の社会関係のなかでは極めて高い自覚と勇気を必要とする」(204頁)。そして「この自らの内面の真実を具体的な生活事実として客観化する」ということによって、「生活認識から生ずる人間的自覚としての主体的意識」が獲得され、それこそが「人間としての基本的な生きる力」(204頁)となる。

⑤「結論として、子どもをつかむことは、子どもを変えることにつきるが、それはまた、どういう子どもにするのかということをぬきにしては考えられない。/そのことは実践的には、何のために生きるのかという問題を、生きるめあてと生きる力を統一したものとして、子どもにどう生みださせるのかということにほかならない。そのためには、子どもをつかむ教育実践の基本に、社会の課題が明確に据えられ、あらゆる活動の中にその課題が具体的につらぬかれなければならない」(205頁)とする。

このような勝手な要約は、石田のトータルな思想を部分化する可能性もある。私なりに理解するための作業ととらえてほしい。しかし、この要約をしながら思うことは、石田の「子どもをつかむ」思想と方法は、石田の教育思想そのものであり、教育実践の全体構造についての提起であるということである。それは単なる子どもを理解する視点に止まるものではないし、教育実践の方法論に止まるものでもない。それは恵那と石田によって切り拓かれた一九七〇―八〇年代の恵那の生活綴方の精神、教育におけるリアリズムそのものの規定――「『子どもをつかむ』とは、まさに『生活綴方の精神』の教育実践的具体化にほかならな」い（坂元忠芳「恵那の教育実践」83頁）――といってもよいものである。

（2）「子どもをつかむ」教育実践の特質について

石田の「子どもをつかむ」という思想と方法は、石田と恵那の教育実践と教育学の土台に据えられ、絶えず時々の課題の中で原点に立ち戻る視点となり、かつ新しい教育学認識と教育実践を切り拓いていった教育の構えとして働き続けてきたものである。

「子どもをつかむ」という方法は、教師が子どもに働きかけつつ子どもが自分自身をつかめるようになっていくという、教師と子どもの相互作用の弁証法ともいうことができる。改めて分節化してみると、その思想と方法は、以下のような特徴を持つものである。

第一に、子どもをつかむとは、子どもの内面の真実に無限に接近しようとする過程であるということができる。子どもの内面の核心にあるその子どもの人間的真実（矛盾を含んで存在する「子どもが人間的に変わる環」）をつかむということであり、単に理解するということを越えて、信頼すべき子どものその信頼に値する核心を子どもの中に捉えてそれに働きかけるということである。石田は、子どもを信頼する責任は教師の側にある、裏切られても信頼しなければならないともいう。そしてその信頼に値する人間的真実を子どものなかに発見するまで、子どもをつかむ深さを深めねばならないという。

第二に、しかし、子どもをつかむという方法の最大の特徴は、子ども自身が自分を知るという子どもの自己認識を介してこそ、教師は子どもを知ることができるという考え方にある。子ども自身が自分を分かる（つかめる）ことを介しないでは、教師はその子どもの内面の真実をつかむことはできず、主体としての子どもとともに生きる立ち位置を取ることができないということである。教師が一方的に子どもを理解し解釈し、その方針を子どもに当てはめることでは、子どもは教えられ、指導される客体にとどまる。子どもは自分を理解しないままに、教師の指導に受動的に従うだけとなる。しかしそれでは子どもが自分で生きていく主体性や能動性、自らの思考を作り出したことにはならない。いや、果たして教師の理解や「方針」が的確であるのかどうかすら検証できない。だから教師は、子ども自身が自分をつかみ、自分自身の課題（自分に対する方針）をつかむこと、子どもが自らの人間的真実をつかみ、それを生きようとするようにしなければならないとするのである。そのためには、子ども自身が自分を理解し、どう自分を切り拓いていったらよいかがわかり、「自分自身に対して方針を持つ」という高みへと成長させることが必要になる。「子どもを理解するだけではなく、子どもに働きかけ、それを子ども自身の自主的な変革・発達の作用に転化すること(注6)」こそが子どもをつかむことの真髄と言うべきであろう。

第三に、「子どもをつかむ」には、子どもに働きかけるその環となる焦点の課題を、子どもの中に発見することが不可欠となる。

「子どもの内面の問題は、生活実感として、内面の真実を作り出している生活の事実をありのままに見つめさせる（綴り再現させる）ことによって、真に子どもの問題として意識化させることができるが、その場合、子どもの変革の環となり得る（させ得る）問題をどのようにするどく把み、それに教育作用を与え、子ども自らに発展の方向と行動の方針をつくらせるかということが、実践的見地としてたいせつだということである。」（著作集第三巻、203頁）／「だから『子どもをつかむ』ということについては、狭義の場合でも、子どもを変えるために、その生活とのかかわりで、子どもが変わる環は何かをはっきりさせることとして理解しようとしてきたし、広義の場合には、その生活とのかかわりにおいて、子どもを変えることができる作用そのものとして理解してきたのである。」（同、202頁）

だから、「働きかけるという教育実践だけが、子どもを正しくつかむカギだ」、「我々の教育実践だけが、本当は子どもをつかむ一番正しい道なんだ」（著作集第二巻、250頁）とも述べられている。だから生活綴方の指導は、子どもが、まさにその「環」を自らの生活認識の焦点として意識化し、それを新しい生き方に向けて再構成していく指導として、進められなければならないと捉えるのである。

第四に、「子どもをつかむ」ことは、全教育活動に貫かれるべきものとなる。教育をするための準備として子どもをつかむということではない。「私の教育課程づくり」の呼びかけは、今子どものなかにある「荒廃」に働きかける教育の仕事を遂行できないならば、それ自体が教師の荒廃であるという言い方までしつつ、子どもの内面の苦悩（矛盾＝「子どもが人間的に変わる環」）に働きかけることのできる教育内容、科学を教師自らが創造することを訴えた。そして石田自身は、思春期の性の苦悩と迷いと「荒廃」に対して働きかける性の科学を、岩波ジュニア新書『思春期の生き方』（一九七九年）に結晶させる形で作り出そうとした。子どもの苦悩や矛盾に働きかけ、子どもを「つかむ」ことができる教育の全体構造を創り出すことを呼びかけ続けた。教材や授業が「子どもをつかむ」ということは、子どもが変わる「環」となるその焦点、子どもの生活認識の矛盾、その格闘の焦点に教育内容や授業が作用し、子どもを意識化し、子どもの新しい生き方の再構成を引き起こす力をもつということである。教科に具体化されるべき科学もまた子どもをつかむ（「子どもが人間的に変わる環」に働きかける）ことができる科学へと組み替えられねばならない。子どもに働きかける全過程が、子ども自身が自分をつかみ、自分に対して「方針」をもつことができるようになり、その意味で自分が「わかる」ようになり、自主性を獲得していく過程として組織されなければならないとするのである。

第五に、子どもをつかむとは結局、子ども自身が自分に対して方針を持てる状態を生み出しつつ、子どもが生きることに教師が深く共同する状態を教室や地域や家庭に創り出していくことを意味する。ともすると、子どもを「つかむ」という言葉は、「上」から教師が子どもを「つかみ」、強力に上に引き上げるというイメージで捉えられることがあるが、この方法と思想は、子ども自身が自分をつかみ自らを引き上げるという主体の構造を立ち上げることを通して、子どもが自主的に生きられる状態を創り出し、その過程に教師が寄り添い励ます指導の方法なのである。だから石田は、時には子どもを「同志」とも捉え、共に生きるに値する子どもの人間的真実を子どもの中に引きだす力を磨くこと、石田の言い方を使えば、魂の技師として子どもに働きかけることを求めるのである。

第六に、子どもをつかむ最も基本の方法は、子ども自身が自分をつかむために、自分と自分の生活を書き綴ることによって意識的に捉え、さらに書く営みを通して自分のあるべき生活を意識的に再構成するという生活綴方の方法――内面の意識の再構成――を何よりもその根本に置くものである。坂元忠芳はその「内面の意識の再構成」を「『内面の意識』から出発して、それを『客観化』し、それを再生、再構成して、それらにかかわる人間関係を作り上げている人々――その『内面の意識』の構成にあずかった人々だけでなく、その再生・再構成にかかわる人々とともに、その『内面の意識』を同時に吟味することを意味する」(『恵那の教育実践』88頁)と把握する。だから子どもをつかむことは、子どもが、新しい関係を他者と共に創り出していく過程に寄り添って展開するほかないものとなる。

八〇年代に入って、子どもが綴方を書くことが困難になるなかでなお、この自己を対象化する方法をいかに新たな表現の開発によって取り戻すか、その課題は、探究され続けていくものとなる。

しかし、再度補足するならば、石田の「子どもをつかむ」思想と方法は、「子どもをつかむことについての補足的問題」（著作集第三巻、論文12）に展開されたその全体的、統一的、包括的な論理としてこそ把握されなければならない。その深い規定は、読むたびに、今私たちが抱えている教育および教育実践の課題に即して、新しい気づきを与えてくれる。「子どもをつかむ」方法と思想は、恵那と石田の教育実践の土台にあって、一九五〇年代から一九八〇年代へと実に半世紀近くにわたって、子どもの変化や時代の課題に対応して探究され、錬磨されていった思想と方法である。

［注］

（注1）ここにいわれている「僕たちも愛国という方向で教育しなければならない」という提起には、早急な政治課題への取り組みが主張されているように読み取られるかもしれない。しかしそうではない。人間の生活を主体化する目的や価値の土台には、その歴史的社会を規定する政治の基本的なありようが、何らかの仕方で深く組み込まれている。その社会の現実を歴史主体としての意識性において生きようとするならば、自己の存在をその歴史的な様態をもって展開しつつある人間の社会的共同のなかに位置づける必要がある。その意味では人間は、常に深い政治性を自覚することを介してしか、歴史的な主体性を獲得できない。そして政策の側が、「『愛国』という方向で、『自主性』を強調しながら、心情にうったえ、体感を通すという方法でかけてくる教育

の攻撃」に対しては、いかに子どもたちのなかに、主体的な人間の共同のありよう、その一つの共同の形式である「国」のありかたを把握させていくのかが問われる。それは教育が放棄してはならない課題であろう。石田は、この攻撃を「どうやって粉砕するかといえば、子どもといっしょに粉砕する」、そのための基本は、生き方を意識化する深い政治の認識の形成を子どもの生活意識の側から切り拓く方法にあるのだと捉えるのである。

（注2）この批判視点はすでに一九六四年の「教育正常化に反対する教育」で提起されていた。その時点では、後に「地肌の教育」とされる教育は「生活教育」と呼ばれている。「生活教育は、現実の生活と、人間の事実、いわば、民族的、科学的内容と思考方式、行動様式の形態が、教育の場において表現され、組織され、系統的に発展させなければならないという点である。／この点でも、今二つの大きな潮流がある。一つは、科学教育主義とでもいうべき、教科のあり方のみを追求することが、教育研究本来の任務と考えられている傾向である。いま一つは、集団主義教育とでもいうべき、集団の組織の在り方のみを教育の中心と考えて研究する傾向である。／このように一面のみを強調する傾向は、次の点で共通して誤っている。／それは人間の発達、知識、文化の発達をただしくとらえないという誤りであり、正しい知識の獲得と、集団的能力（組織的力量）というものが統一的に存在している生活の事実にねづかない誤りである。……／その点、『生活教育』においては、この両面を教育としての『表現』という点で、統一的につかみ追求することが大切である……」（著作集第二巻、170頁）。この中の「集団主義教育」への批判については、本書の168頁、218～221頁を参照。

（注3）その点について、日本におけるポスト・モダン状況の展開は、七〇年代後半ではないかという疑問があるかもしれない。その点に関して、佐藤興文の「受験学力の構造」（一九六八年論文、佐藤『学力・評価・教育内容：現代教育からの考察』青木教育叢書、一九七八年）は、日本における受験学力競争がもたらした知の歪み、学習の主体性の剥奪、その下での新たな人間の目的意識の形成と競争によって組織され管理される意欲の創出を鋭く描き出し、競争社会が人格を従属させ、新たな「自発性」を引き出す人間支配の仕組みを社会に埋め込

みつつあることを鋭く分析していた。その下で、科学は、それが持つ本来の価値を剥奪され、競争システムの中で計測される価値（順位価値）として矮小化されることを指摘していた。このシステムを通して、子どもたちは文化や価値に接しつつ、その本来の価値から切り離され、疎外されるという事態が起こる。それは日本社会に出現しつつあるポスト・モダン状況の分析に繋がるものであった。日本社会での「豊かな社会」の下での商品化、物象化等の全面展開は確かに七〇年代後半であるといえるが、世界に先駆けて展開した日本の学校の受験学力競争は、子どもの世界にこのポスト・モダンの疎外を先行して引き起こしつつあったということができるのではないか。恵那は、教育と子どもの中に引き起こされつつある科学や人間の主体性の疎外状況に対する先駆的な挑戦を、「地肌の教育」として展開しようとしたとみることができる。

（注4）あわせて指摘しておくならば、地肌の教育で使用されたことのある「立場」という概念は、人格の中にある物事に向かう構え、その構えを生み出す人格の構造を生み出すことを「立場」をもつこととしてとらえようとしたのであった（著作集第二巻、論文19「生活に根ざし生活を変革する教育の創造」一九七〇年、268頁「（3）地肌の質を磨く――「立場」への着眼」参照）。しかし「立場」という言葉は、ある政治的方向性、価値的態度を表す概念として受け取られることが多いという性格を伴っており、ある政治的立場に立った教育をすることというふうに「誤解」される可能性もあったと思われる。それで、この立場という視点は、子どもの「生活に根ざし、生活を変革する」（という構え）という言い方で表されるようになると共に、その価値内容的な側面については「憲法・教育基本法の立場にたつ」こととする方向で、発展的に対処・処理されていった。そして、「地肌の教育」という呼び方は改められ、「生活に根ざし、生活を変革する教育」として規定されていくこととなった。

（注5）補足として、『石田和男教育著作集』という書名について述べておこう。この著作集を『教育著作集』とするか、『教育学著作集』とするかは、編集委員会としても議論したことであった。石田自身の思いも含めて、

最終的には『教育著作集』とした。石田自身は、自らを教育実践と運動の「実践者」という意識が強いと思う。その意味では『教育著作集』がふさわしいといえよう。しかし、石田の考察は、今述べたように、実践者の「教育実感」をどう回復するかという探求の中で、その教育実感を可能にした教育の全体構造の意識的な再構築へと向かっていった。これは教育学認識の形成を不可避的にともなう挑戦である。そしてだからこそ、石田は、日作の「方針転換」や教科研のある種の科学主義的一面化に対して、正面に据えて批判を展開し、教育学のありようを鋭く問うたし、問うことができた。その意味でこの著作集は、石田における教育学批判、教育学の探究の過程でもある。この『石田和男教育著作集』からは、そのような質をも読み取ってほしいと思う。

（注6）坂元忠芳「恵那の教育実践」『「恵那の教育」資料集』（Ⅰ）桐書房、二〇〇〇年、82頁。

第四章　「生活実感」と科学の統一という視点

――石田の学力、科学、表現、生活概念について

一九五〇年代後半から、生活綴方教育の理論的把握をめぐる論争が展開していく。それは恵那と関係づけてみると、以下のような形で展開していく

①科学の学習のありかたをめぐって、生活綴方をどう位置づけるかの論争が起こる。そして生活綴方は、科学的な認識の獲得という現代的課題には十分応えうるものではないという「反省」が語られるようになっていく。『山びこ学校』を展開した無着成恭の生活綴方教育への否定的な総括などがその典型であった。教育におけるスプートニク・ショックや受験学力競争の展開、そして教育学理論における科学主義的理論の展開（ブルーナー理論）などがその背景にあった。

②小川太郎の「生活綴方的教育方法」というとらえ方は、当時の唯物論的な認識論が抱えていた問題性を反映しており、生活綴方的な認識は、科学的認識の獲得には到達できないとする面を強調する把握を含み、生活綴方教育の実践がもっていた科学的認識の生活化、主体化という

契機をしっかりと位置づけることには成功しなかった。そのため、科学の教育、科学的認識の獲得における生活綴方教育のもつ積極的な役割を理論的に位置づけることが不十分となった。そのことも関係して、五〇年代末から展開されていった科学と教育の結合の理論は、その後に批判されるような「科学主義的」な弱点を抱えることになった。思えば、戦後初期から一九五〇年代の日本の貴重な生活綴方教育実践が切り拓いた教育学的な認識がより深く理論的に把握され、それが認識論の積極的な展開に結びついていたならば、六〇年代の日本の教育実践や教育運動で広まった科学主義的な把握に対しては、もう少し慎重な対応がなされたのではなかったかとも思う。石田は、その点に非常に早い時期から批判を展開し、その克服のために、生活綴方教育の中にあった科学と生活の結合の側面をあらためて取りだし、理論として展開した。

③生活綴方教育についての日本作文の会自身による総括（いわゆる「62年日作方針」）は、生活綴方教育が有していた生活指導的な側面を切り捨て、綴方を国語的な文章指導に重点化するという方向を打ち出した。これに対して、全生研（全国生活指導研究協議会）は、そこに含まれていた生活指導的側面を独自な集団組織論（「班・核・討議の集団づくり」）として取り出し、集団的自治の形成の教育実践を生み出していった。それに対して恵那は、むしろ教科指導と生活指導の両方の基盤に生活綴方教育を広く展開し、自らの生活を綴ることを通して教科学習と生活実践に子どもの主体性、生活性を据え、科学と結合し、あるいは学習の成果を再び生活性において具体化するという弁証法的な相互交渉を生み出すという方向を選択するものになった。そし

てこの探究が、一九七〇年代はじめに、どうしても生活綴方教育そのものをもう一度復興しなければならないとする決意（教育方針の転換）を生み出すことになった。

以上のような意味において、第一期の恵那の生活綴方教育実践は、ある意味で恵那独自の立場と視点から教育学的認識、理論として総括され、恵那における七〇年代の第二期の生活綴方教育運動へと発展的に継承されていくことになった。そしてそのことによって、七〇年代における恵那の生活綴方教育実践は、教育課程のあり方や科学の学習と深く結合されて展開することとなった。生活綴方によって捉えられた子どもの現実、子どもの「生活実感」、「内面の真実としての生活実感」に出会い直しながら、そこに働きかける教師の教育的力量、教育課程のあり方が、新しい視野の下に探究されていった。

1　生活綴方の把握をめぐる恵那・石田の批判と主張

一九六〇年代半ばから石田らは、生活綴方のあり方について、日作の62年方針や小川太郎の生活綴方の理論への一定の批判を展開していく。

①「たしかに50年代に、感性的認識から理性的認識へと、毛沢東の『実践論』が入ってき

たあたりでも生活綴方が全部感性的認識の側に位置づけられて、これにたいして教科で理性的認識をという問題が出たことがあったけれども、ある意味でいえば、生活そのものに対するすごい高い認識がなければ綴方にならんと思うんです。と同時に、教科なら教科のなかで子どもたちがつかんでいくさまざまな科学の認識も、生活の基礎がなかったら丸暗記にしかならない。認識にならない。その意味でいうと、綴方は感性的認識で、教科は科学的認識だというふうにはいえない。同じ性質のものをもっているんじゃないだろうか。」（「座談会・生活綴方教育の今日的課題」における石田和男の発言。『教育』一九七七年三月号）

②「例えば、六一年の『恵那の教師』のNo.40では、『生活綴方での認識は感性的なもので、理性的な認識は各教科での質の高い知識としての科学的認識でなければならぬ』という規定をしております。……」（〈夜学講座〉恵那教科研から東濃民教研への歩みと西小学校づくり」著作集第二巻、292頁）／「民教研の見地は、生活綴方における内面的な統一としての現実直視ということは、認識は教科で姿勢は生活指導というようにして結合されるものではないという見地なのです。現実認識は同時に生活認識でもあります。生活の事実をありのままに見つめるといっておるときの生活を認識するということは、同時にそれは現実を認識するということでもあるわけです。その認識こそ、認識活動としての学習へも、生活を変えていく主体的な行動へも統一的に立ち向かう姿勢の基本なんだというとらえ方なのです。生活綴方でいえば、事実をありのままにつかむ、生活の事実をありのままにとらえるとい

うことは、それはそのまま知識としての矛盾、そこから科学的な知識をきちんと学びとっていく一番の萌芽というか、基礎にもなるし、同時に生活を変えていくということの基礎にもなっていく、そういう現実認識なのだ、生活認識なのだというとらえかた、これは八〇年代以降の民教研の綴方の考え方だと思うのです。」（292-293頁）

ここに展開されている批判は、第一に、生活綴方において把握される生活認識は、科学的認識の獲得に至る過程だけ（小川の言葉で言えば「端初におけるリアリズム」『小川太郎教育学著作集第3巻』青木書店、一九八〇年、231頁）に止まるものではなく、主体的な生活において子どもを突き動かしている内面の真実としての意識でもあり、これこそが、科学的認識を獲得していく基盤であると共に、新たに主体的な生活を切り拓き再構成していく土台として発展させられるべき意識であり、生活綴方の教育の最たる核心はそれを意識化し、生活意識そのものを発展させることにこそあり、そのような働きかけを含むものとして生活綴方教育が規定されなければならないという主張である。（注1）

第二は、「生活の事実」、「生活意識」は、「科学的な知識をきちんと学びとっていく一番の萌芽というか、基礎にもなるし、同時に生活を変えていくということの基礎にもなっていく、そういう現実認識」であり、その意識化をどれだけ豊かに進めることができるかこそが、科学の学習、教科の学習を子どもの主体的な生活の構築へとつなげる最も重要な基盤となるという見解である。科学と教育の結合のためにこそ、この子どもの生活意識、生活認識を高めることが、したがってまた生活綴方の取り組みが不可欠だという主張である。

第三は、「生活綴方における内面的な統一としての現実直視ということは、認識は教科で姿勢は生活指導というようにして結合されるものではないという」主張である。これは二重の批判を含んでいる。日作の方針転換が生活綴方から生活指導的側面を斬り捨てたことに対する批判であると共に、その批判を共有しつつも、生活綴方の生活指導的側面を、生活綴方から独立した固有の領域と方法による「生活指導」として展開させるとした全生研（全国生活指導協議会）の論理に対して、生活綴方が持つ固有の生活指導的な機能の把握が的確になされていないとする批判をも含むものであったとみることができる。(注2)

2 「教科に生活をくぐらせる」——石田における科学の把握の特質

七〇年代における石田と恵那の教育学認識においては、科学の位置づけが、非常に重要な課題として展開されていく。この点に関する石田の主張の核心が表されているいくつかの文章を最初にあげておこう（傍点引用者）。

◇「教科に生活をくぐらせる」

「教科の中に生活をくぐらせるといういい方をしてもよいと思います。それは生活の中に学問としての科学や芸術をきちんと見出すことでもあります。実際の生活の中に科学や芸術があるのだから、教科としての学問に実際の生活をくぐらせていかなければならないと思います」。「教科に生活をくぐらせることですが、それには生活綴方で自らの生活を直視することによって得られる目が必要だと思います。その目は、科学そのものの目ではないけれど、生活をありのままに見つめることによって得られる、科学（学問）の基本となる目や態度であるからです」。「いわば生活綴方の中で得た目と態度を、教科（学問）の中に生かしていくことで、学問の特性に応じた科学・芸術の目と態度がつくられていくし、それが教科に生活をくぐらせる基本だと思うのです」。「まとめていえば、生活綴方の目で科学がとらえられると同時に、科学の目で生活の問題が広がっていき、一般化するのだということです」。「生活の具体的な事象が、科学の一般的問題として見えたり、一般的問題が生活の具体的事象としてみえるようになれば、教科の中で得られる科学は、本物の科学になるし、わかったものになるのだと思います。」（著作集第三巻、80－81頁）

◇「そこに内面の真実としての人間的自覚が統一的に存在する」

「子どもたちの心をとらえて離さない本心の問題は、今日の情勢にふさわしく、全て非常に人間的な深刻さを含んでいる。いま、私たちがその問題を、子どもたちの生活認識の内容として重視するのは、そこに内面の真実としての人間的自覚が統一的に存在すると考えるからです。その自覚こそ、生きることとわかることをつなぐ基本になり、生活と学習の本当の意欲の基礎となると考えるからです。いわば生活認識の深さというものこそ『あらゆる知識を自分のなかでつくりかえ』といわれる、その意識の内容となるべきものだ、と私たちは考えるからです。だからそこのところをどうしても、実践的に引きださなければならない。子どもたちが本心としての生活の事実をありのままに見つめ客観化するということは、いまの情勢を子ども自らの意識の中で切り開いていく仕事になるのです。そして人間的な自由を子ども自らが広げていくというきわめて大切なことになるというふうに思います。この内面の自由の拡大、子ども自身が自らの自由を拡大するということは、新しい生活と学習への意欲を高め、自発性と連帯性を生み出し、自主的な行動の要因となっていく、というふうに私たちはみるわけです。」（著作集第三巻、160頁）

◇子どもの「内面活動」は「生活経験」と「科学的認識」との統一の総体として存在する

「子どもが内面に問題を持つ場合の内面活動の強さは、現実生活としての経験の大きさと、子どもの社会的認識としての人間的自覚の高さの度合いによるものであるから、社会認識の一般的な発達を獲得させることをぬきにして、内面の問題の大きさを、子どもの内面活動の強さとして生み出させることはできないということである。……同時に社会的認識の高さは、生活経験の基礎をもっていてこそ内面の問題として実感でき、内面活動を強めることができるものであるから、子どもの社会的認識の高さだけから、内面の問題の大きさをおしはかることができないことを意味するものでもある。／だから、子どもを変える内面の問題の大きさは、現実の生活としての自覚的な生き方と、社会的認識としての科学的知識との、子どもの内面における統一の総体としてみなければならないということになるのである。」（著作集第三巻、204頁）

◇生活綴方は「経験を意味的に再構成する」しごと

「……子どもが生活を通して自分のからだでつかんだことの実態が生活実感であり、生活綴方は、その実態を構成している生活としての事実を客観的に再生する仕事だと思うのです。そして再生は、写真のようではなく、自らの意識を通しての再生ですから、再生の作業によってより意識化されるという、相互の作用を伴うものになるのです。／……生活を綴ることは、意味化された経験を意識するというか、あるいは、経験を意味的に再構築するというか、そうした性格をもったことなのだと思います。」（著作集第四巻、11頁）

ここにあるように、石田は、科学を「経験を意味的に再構成する」過程に働かせるべきもの、科学を子どもの「現実の生活としての自覚的な生き方と、社会的認識としての科学的知識との子どもの内面における統一の総体」へ、「生き方」を突き動かす仕方で働かせるべきもの、科学を「いまの情勢を子ども自らの意識の中で切り開いていく」仕方で「内面の真実としての人間的自覚が統一的に存在する」生活認識に働きかけていくべきもの、またそのためにこそ「生活をありのままに見つめることによって得られる、科学（学問）の基本となる目や態度」を子どものなかに育てることが不可欠である、と主張するのである。子どものなかにおける科学の「根づき方」を深く捉えることにおいて、初めて教育実践は、科学をどのような子どもの認識と意識に向けて作用させるべきなのかをつかむことができるのだというのである。そのような科学の「根づき方」を子ども自身が自覚し、科学の学習への子どもの側の目的意識性、課題意識を構築することによってこそ、科学の教育が可能になるとするのである。

「科学と教育の結合」論の科学主義的な一面化は、科学の修得は、その科学自体の持つ真理への接近という作用（動機）によって、歴史の進歩に沿った価値に沿って生きようとする人間の態度や歴史観を形成するというある種の楽観論を伴っていたと見ることができる。そしてそのことと結びついて、子どもの道徳性や価値意識を形成する生活現実や社会関係の教育力、形成作用の役割についての把握が弱かった。しかし、外から与えられる知識や科学は、内面の真実としての生活実感、人格的な意欲や目的意識へと組み込まれた――いわば人格に内在化した――知識や価値観との交渉を介して、初めて人格に働きかけ、人格と結びついたものとして獲得されていく。そのためには、この人格への働きかけ、人格に結びついて存在している科学の根ざし方、矛盾を含んだ状況を把握し、それに向けて働きかける構造をもった教育内容や教育の方法を生み出さなければならない。しかし科学と教育の結合の科学主義的な展開は、そういう課題への関心を希薄にしていった。そういう事態に対して、石田は、「地肌の教育」という形で、まさに子どもの「生活実感」を教育における最も重要な働きかけの対象として捉えることを呼びかけるのであった。その挑戦は、当時の「教育と科学の結合」という研究動向が、人格と科学との関連を問うことなく、教育内容の科学的体系的編成に重点を置くという対応に一面化したことに対して、鋭い批判を向けるものとなった。

また石田は幾度かレーニンの「青年同盟の任務」(注3)を引きつつ、「自分の意識の中で、知識を作り変える」ことを強調している。ここには、子どもの科学的認識の形成は、生活意識の中にある概念と、外から提起される科学の概念との交渉過程であるとする把握、「教科に生活をくぐらせる」過程は子どもの中の概念と教科学習で提起される概念との交渉、格闘の過程であり、生活意識のなかにある概念の変革、科学化は、子どもの中で生きる態度や価値を構成している概念――そういう構造を維持したままでの――の改変と発展であるという捉え方がある。それ故に、それは生き方の発展、変革へと結びつく必然性、人格の内部における認識や価値意識や目的意識の発展・変革につながっていくとする考えが明瞭に組み込まれている。

その意味では、生活綴方による生活の意識化――それは同時に自分自身の認識の自己吟味を含んで、自分のなかに学習の課題を定立する営みでもある――は、学習の意味と目的を子どものなかに意識化し、子ども自身が科学を吟味することを可能にする子どもの側の認識拠点を子どもの中に形成するものとなる。それは、学力競争が知識を意味づける方法――競争に勝つための偏差値獲得という目的から照射された知識獲得の意味――に対抗し、新たな学習主体の形成を進める方法となる。そしてそれ故に、この科学の学習論は、ポスト・モダンにおける知と教育の疎外に対抗する方法としての意味をも獲得することとなったと見ることができる。

3 「生活実感」へのこだわり

これらの検討を進めていくと、その土台に「子どもの生活実感」(「生活の実感」)というものが位置づけられているように思われる。その「生活実感」を教育の中にいかに位置づけ、発展させるかに、石田の教育思想の特徴があるとみることができる。

この概念は、石田の教育学認識の根本にあって、その豊かな展開を可能にしたものである。坂元忠芳は、「『内面のありのまま』は、別のことばでいうと、『内面』の『真実性』のことであり、恵那ではこれを『生活の実感』と呼んできた」(「恵那の教育実践」『「恵那の教育」資料集』85頁)と捉えている。まず、石田の文章をあげてみよう。

①「われわれが地肌といってきたものは、今日、六〇年代の後半、ないしは七〇年代の初頭に立って言えば、生活の実感なのだということ、生活の実感で価値判断するというが、実は人間が地肌として自主的に判断することになるのだ、と考えるわけである。」(著作集第二巻、271頁)

②「……『生活の実感』を教育活動の在り方に即していえば、基礎的な事実や、科学的認識の基本を、真に子どものものとして獲得させるための、子どもの内面における真実性との結合を――いわば、科学的認識における生活への根づき方を、言いあらわそうとしたものだと考えるのである」。「『生活の実感』それ自体は、必ずしも科学的とはいえない場合もあれば、異なった立場を含んでいる場合もあり得るが、その人間の生活経験の総和としての人間的真実性を含んでいるという点では、人間の内面における主体的な学習の基礎としてきわめて重視されるべき内容を伴っているものだと思うのである」。「真の科学的認識は、同時に立ち上がらねばならない根強い要求をともなう人間的行動の内容となるべきものである。それだけに、科学的認識の基本を、本当に生きた子どものものとして、身につけさせなければならないが故に、泥くさく、もたもたしていても私たちは、『生活の実感』に固執するのである。」(著作集第二巻、261-262頁)

③「人(他者―注)の価値判断にゆだねないで自分が自分の生活の実感で価値判断をすることが自主性の一番のもとなんで、子どもたちが自分の本心で教科書にある物事などについての判断を自分でやっていくということのなかに、自主性というものがある。」(著作集第二巻、225頁)

④「生活綴方というのは内面における真実性としての生活実感を客観化する作業であるというように、どれだけか規定した言い方で把握しています。それは、子どもたちの心の奥

に、本当の自分の気持ちとしてつくられている真実は、生活の事実が重なることでうまれてくる生活実感なのであるが、その生活実感をうみだした事実の重なりを、ありのままに描き出すことで、自分の生活を再生し、意識化する仕事だと考えるからです。……その意味で生活綴方は、事実を考えながらありのままにみつめることで、現実についての意識を鮮明にする仕事だともいえるのです。」（著作集第三巻、134頁）

ここでは、生活実感とは、①それまでの生活体験の蓄積として、子どもの生活上の時々の目的意識や意欲や価値選択を方向づけている感情や規範や価値意識としての内的な感覚であり、子どもの人格の自主性や主体性の内実を構成するものであり、②「生活実感」へ組み込まれることにおいて、既得の科学や文化は、その子どもの価値意識や生き方を突き動かす力として作用しており、③そういう「生活の実感」として働いている認識や価値意識に科学が働きかけることによって、科学は子どもの新たな生活と生活意識を生み出す力として作用するのであり、④生活綴方は「内面における真実性としての生活実感を客観化する作業」であり、⑤教育はそのような方法によって子どもの生活の実感を高める営みとして遂行されなければならない、という論理を読み取ることができる。

子どもは、常にこの「生活実感」を蓄積し、組みかえ、豊かにしつつ日々の生活を生きている。そこにはそれまでの生活を通して蓄積してきた価値観や感情、それと深く結び付いた知識や科学が人格のレベルで統一されている。それは、子どもの生き方を方向づけている目的、動機、価値意識、感情の統一体であり、人格の核心において、主体性、自主性として働いている。教育は、この人格に結合している「生活実感」に働きかけることを通して、その人格の核心に及ぶ教育力を獲得できる。生活綴方は、この「生活実感」を子ども自らが対象化し、客観化し、その中にある価値や目的意識、人間的葛藤の過程に入り込み、その中にあって自らが意識的に生きるべき値うちあるものや目的、人間的真実を意識的に選びとり、それを核として新たな自らの生活を再構成し、自分自身を切り拓いていく営みである。子どもが新たな生活に向かう姿勢、新たな生き方を、「生活実感」という人格的統一性を持った形で再構成し、高めていく取り組みが、生活綴方である。「生活を綴ることは、意味化された経験を意識するというか、あるいは、経験を意味的に再構築するというか、そうした性格をもったことなのだと思います」(著作集第四巻、11頁)という生活綴方に対する規定はまさに、そのことを示している。

自主性の根拠は、自己自身の中に見いだす人間的真実であり、そこに依拠し、それを価値あるものと認識し、大切にして広げていこうとする意欲、そのことによって自分の人間的な自覚と誇りを回復しようとする力を自分の中から紡ぎ出してくる作用が、自主性として働くのである。子どものなかにそういう人間として生きようとする願い――内面の人間的真実――を生み出すことにおいて、教師は目の前にいる子どもの中に信頼できる子どもを発見していくのである。

4　学力をどう位置づけるか——学力と「生きる力」について

学力について石田は、一貫してどう捉えるかを探究し続けてきた。恵那や石田にとって学力とは何かを解明することは、以下のような歴史的経過からしても避けられない課題であった。

①石田の教師としての出発点（一九四八年）において、本当に子どもが自分で考えることができるようにしてやりたいという思いがあり、学力とは何かはそのこととかかわって一貫した関心事になっていた。そして、生活綴方教育こそが考えさせる教育の実感を味わわせてくれたという経験を重ねるなかで、生活綴方実践が生み出す学力観とは何かを解明していくこととなった（第五章「2　書くことと考えること」参照）。

②五〇年代の生活綴方教育実践の試行錯誤の中でも、石田は常に、科学の学習を如何に位置づけていくのか、それと生活綴方教育とをどう結合していくのかを追求し続けていった。だから石田のなかでは、教科の学力をどう獲得させるかは、その質の吟味を含んで、絶えず大きな関心であり課題であり続けていた。

③勤評闘争、安保闘争、そして教育正常化攻撃までを含んで、恵那の教育に対する攻撃の中心に常に「学力」攻撃、「恵那の教育では高い学力をつけられない」という攻撃があった。しか

し同時に受験学力の歪み、そして科学主義的な教育が科学的認識の形成をむしろ失敗させているという現状についての批判意識が貫かれていた。この両者への対抗と批判をどうつなげて、自分たちの学力観、学力像を打ち出すかが、恵那の教育の中心問題として自覚されていた。

④あわせて、七〇年代の生活綴方教育に対して、「綴方では学力がつかない」という攻撃が繰り返された。それに石田たちが対置したのは、「綴方なしには本物の学力はつかない」という認識であった。そこにある学力概念とはどのようなものかを明確にすることは、恵那の教育運動にとって死活的な意味を持つことであった。恵那の教育が地域に根ざすためには、新しい学力概念の提示と、それへの地域における合意が不可欠となっていたのである。

⑤加えて学力概念の探究は、科学の学習をどう位置づけるかに関わって、恵那の教育運動と教育実践を意識化し、豊かにするために不可欠の理論テーマとなっていた。生活綴方はそれだけでは、当然のことながら、科学の学習の独自の方法論の全体を明らかにすることはできない。しかし、生活綴方教育を土台にした科学の教育の質は、独自のものをもっている。その独自性とは何かを含んで、恵那の目指す学力の特性を明確に押し出さなければならない。その意味で恵那における学力論の独自的構築は、単なる防衛的な対応ではなく、むしろ恵那の教育の特質を打ち出し、説明し、その質を意識化し、教育実践の方法を意識化するためにも、不可欠の理論的課題であった。

それは次のような特徴、質において把握されていった。

第一に、今検討したように、学力は単に科学の知識を知っている（記憶している）ということに止まるものではなく、子どもの生活意識、「生活の実感」に結びついたものとなること、「生活の実感」を高める知として働いていることにおいて、能動的な学力となるものであること。この点については、本章2節において検討してきたとおりである。

第二に、学力は生き方を切り拓くものでなければならない、生き方が分かるということこそが「わかる」ことの最も核心なのだという把握である。

「……わかる学習という問題は子どもが人間として自由になっている、教育が教育になりうるさしせまった一番基本的な条件である。その点をぬいたら、自発性ということには、なりようがない。だから学習がわからないという状態は、本当の意味で自発的な人間をつくらないという問題、わかる学習ということは自発性をどう引き出すかという問題である。」（著作集第三巻、91頁、傍点引用者。一九七四年論文「ありのままの精神でわかる学習の実践的追求と運動を」以下同じ）

「……わかる学習をすすめていく場合、一番基本になることは、子どもたちの内面に、いわゆる自発性といえる、生きがいと連帯性を子どもたちの内面に発見して、それを子どもたちに自覚させて、それを発展させることをぬきにしたら、わかり得ない（ということだ――引用者補足）。」（同、91頁）

「……主権在民、基本的人権の尊重、それから戦争に反対して平和を願うという平和と国際連帯の精神、そういう立場を一貫して貫いていくことを教育の価値にしていく必要がある。教育が生み出していく価値としていく。そういう中ではじめて、子どもたちは生きるめあてとして大きな願望を生み出すことができる。自らのうちに生きる力を自覚することができる。生きるねうちが自分の中に出てくる。それが実はわかるということである。」(同、101頁)

「大事なことは、子ども自らの努力によって人間らしさを獲得することなのです。それが解放なのだと思います。……子ども自らの努力をひきだし発展させることが子どもを把む道になりますが、……それを『わかる学習』と名づけて進めてきたのです。」(同、126頁)

ここでいわれているのは、知識や科学が、自分の生き方が分かるようになるというところへ繋がるときに、それが本物の学力となるということである。そしてそういうわかり方が実現されれば、どう生きれば良いかを主体的、自発的につかむことができると捉えるのである。対処すべき問題を主体的自主的に「考え」、主体的な考えや見通しを持つことができるようになり、それを貫いて自主的、自発的に生きていくことができる「わかり方」こそが、本当の「わかる」ことだというのである。そういうわかり方をするときに、学力はどう生きていくかが「わかる力」——生き方が「わかる」力——となり、「生きる力」となるのだとするのである。実はこれは「子どもをつかむ」方法と思想の核心にあった、子ども自身が自分の生き方が分かり、「自分に対して方針が持てる」ようにするということのなかに学力を位置づけるものである。(注4)

第三に、だからこそ、生活綴方が切り拓く新しい生き方、生活の再構成への構えの構築は、学習が「わかる学習」となるための基盤そのものを耕し、学力を「生きる力」として機能させることへ展開させる大きな力になると捉えられているのである。石田はそのことを「生活綴方というのは内面における真実性としての生活実感を客観化する作業である」(著作集第三巻、134頁、傍点引用者)という言い方で表し、その生活認識の中にこそ「内面の真実としての人間的自覚が統一的に存在する」と考え、「その自覚こそ生きることとわかることをつなぐ基本となり、生活と学習の本当の意欲の基礎となる」とし、そこに働きかけることで、「生きる力」としての学力が立ち上がり、「人間的な自由を子ども自らが広げていくというきわめて大切なこと」が可能になるのだととらえるのである(同、160頁)。この論理においては、生活綴方の方法と科学の学習方法とが、不可分に結合されるべきことが主張されている。だから石田は、生活綴方の精神で教育の全体構造と学力を捉えることに徹底してこだわったのである。

第四に、補足するならば、この学力の把握は、坂元忠芳が八〇年代に展開した学力論、人格と学力の理論の原型としての位置を占めるものであるといえる。人格の側に獲得された目的意識や動機の体系と、科学の体系との相互の交渉において形成される「生きる力」として働く学力の探究という坂元の学力論のテーマは、まさにこの石田と恵那の探究しようとした学力イメージと同型であるといってよい（第六章参照）。

しかし、このような学力の捉え方は、学力競争のなかで通用しているような数値的に計測可能な学力概念に対抗することははたして可能なのだろうか。たしかにこのような学力概念こそが、最も主体的な学習意欲を引きだし、自らの主体的な学びを可能にし、計測されうる学力の高さをもやがては生み出す土台であるということができるかもしれない。しかしそれを実証することはなかなか難しい。石田たちは、絶えずこの難問に直面しつつも、その課題の解決の可能性を、「生活に根ざし、生活を変革する教育」、「地域に根ざし、地域を変革する教育」というあり方の中に追求し、地域に生きる人々のどんな子どもを育てるかという教育目的としての人間像とその地域の生活の未来像を明らかにすることとを統一して追求し、学力についての合意を高めていこうとした。

率直に言って、学力の全体性が数値として計測可能な学力へと一面化され、それを高めなければ進学や就職すらもが保障されない現在の状況においては、恵那や石田が追求したような学力のあり方を、地域の人びとが了解し、そういう学校教育のあり方を、自分たちが望む教育だとして支えてくれるような関係を作り出すことは、一地域の努力だけではほとんど不可能であるかもしれない。しかしまた今日、子どもの成長が、その人間としての存在の根底をゆるがされるほどの危機にさらされつつあるなかで、学力が人間としての確かな成長を支える質を持つことを願う教育への期待が高まりつつあるということもできる。もちろんそのためには、学力によって人間を差別する仕組み、学力の数値的高さ・低さによってその生存権を格差化する社会の仕組みを克服し、学力の意味自体を転換させる社会改革が進められなければならない。そしてなお、私たちの教育実践は、石田たちが切り拓こうとした学力の質の追求、そういう学力に向けての社会的合意を形成することを、今日における日々の教育運動や実践の探究目標とすることを、断念してはならないと思う。

5　「性」の教育の展開の意味

科学の学習を、子どもの生活認識の変革、科学化として作用させるためには、子どもの「生活実感」を意識化し、学習の場に据え、科学を子ども自身の「生活実感」の側から意味づけ、摂取し、「生活実感」それ自体を高めていくことが不可欠になる。そしてそこに高められた「生活実感」（磨きをかけられた地肌）こそが、科学を自らの生きる力へと摂取し統一した主体性の具体的なありようであると把握した。しかしそこに提供される「科学」が、子どもの生活実感と生活認識に働きかける能動的な構造を持たないとき、その知識や科学は、子どもに働きかける力（子どもをつかむ力）を持たないものとなる。

この事態に対して、教育課程を、子どもの生活実感に働きかけ、その生活実感の科学化として作用させる構造を組み込むために、「私の教育課程づくり」が運動として提示された。その挑戦の典型が、石田のイニシャティブによる思春期の性の教育であった。石田はこの中で、人間の性の発展をその人格のありようの発展の姿として把握しようとする。そしてそれを思春期にある子どもたちの性についての科学的認識のための教材として提供しようとした。それは、重い課題を抱えた子どもの生活の事実とその「生活実感」に応答可能な知識や科学を、どう教師の責任で創り出すかという緊急の課題へ、石田自らが、魂の技師として挑戦しようとした営みであった。それは次のようなものであった。

①性を最も人間的な生き方において生きるという、人間のいわば宿命ともいうべき存在論的な課題が、一人ひとりの子どもに提起されている。この課題を人間としての誇りや喜び、豊かさとして生きることが必要になっている。

②しかし、「性」は商品化、退廃化、神秘化され、子どもの中に思春期と共に呼び起こされる「欲求」に子どもたちは支配され、それを人間的にかけがえのないものとして生きる認識や方法を与えられないままに、戸惑い、不安に陥り、性を汚いものと捉え、即時的な欲求に支配され、主体的にその性を生きる見通しを奪われている。

③その事態に対して、学校教育は、性の豊かさを生きていく道が切り拓ける教育、石田のいう「わかる学習」を未だ創り出していない。これを克服し、性とは人間にとっていかなる意味をもつものかを学び、性を人間を豊かにするものとして生きることのできる認識と価値意識の形

成の教育を、どうしても創り出さなければならない。
④そのためには、子どもの生活認識のなかにある「性」についての理解、概念、感情、価値意識の現実を教育の場に引き出し、学習の対象とし、そこに科学の概念を働かせ、子どもたち自身が生きるべき生活意識、生活実感としての「性」を科学化、主体化、生活化していかなければならない。
⑤だから「セイ」についての子どもたちの表現を引き出し、「生活の実感」を対象化し、それに対して働きかけることのできる教育内容（性に関する教育内容の再編成、科学的な性についての理解を可能にする教材の作成）が不可欠となる（その一つの結晶が、岩波ジュニア新書『思春期の生きかた——からだとこころの性』（一九七九年）である）。
⑥だからこの学習は、子どもたちが主体的かつ自主的に自らの性を人間的なものとしてとらえ、その性を豊かに生きていくことができるようにする（「生きる力」を獲得することに繋がる）ことが必要となる。

石田は激しいまでの決意を込めて、恵那の教師たちに、子どもの内面の人間的真実、その中の矛盾や格闘に応答できる教育内容、教科の内容、科学を提供しなければならないことを呼びかける。子どもをつかむためには、つかめるように働きかけなければならない。それをしないで、子どもをつかむことなどできないのだと言い切る。子どもを荒廃させる攻撃が、子どもの内面的真実を抑圧し生き方が見えないところへ子どもを追い込み、子どもを生きられなくしているならば、そして子どもが自分をつかめなくなっているとするならば、教師はこの子どもの荒廃を生み出している教育の荒廃とたたかうために、全力を挙げなければならないし、それができなければまさにそれは教師の荒廃であるとまで言い切る。「子どもをつかむことがたたかいである」というその試練の場に踏み込み、そこで子どもの人間的真実を展開させる「わかる学習」を展開させようとした。思春期の性を生きることの矛盾をどう考え、その性をどう意識的に生きるかの「方針」を、子どもが自分に対して持てるようにしようとした。「思春期って、いそがしいけど、ものすごくだいじなんやね」(著作集第四巻、57頁) という子どもの綴方には、まさにそういう地点に立つことができるようになった子どもの思いが記されている。

七〇年代における石田の「子どもをつかむ」思想はこのようにして、生活綴方の実践にとどまらず、教科の思想と方法においても展開していく。その意味で石田においては、子どもをつかむことは、子どもが自らを理解し、自らに対して「方針」を持つための教師の働きかけのいわばらせん状の発展において、その構造が捉えられていると見ることができる。だからそれは、単に教育実践の「事前」に子どもを理解することにとどまるものではない。子どものなかに科学的認識の歪みや欠落があれば、それを克服する働きかけを通して子どもを変えることにおいてはじめて子どもを、子どもの課題の焦点をつかんだことになる。教育実践それ自体が子どもの内面の真実に対して働きかける質を持っていることにおいて、初めて教育実践は子どもをつかみ、引き上げる質を持つ。教材が本当に子どもをつかまえるものとなっているかどうかがまた試されるのであり、子どもをつかむことの質はそういう教育課程づくりそれ自体においても、厳しく吟味され工夫されるべき内容となる。次の規定は、まさにその根本を表現している。

「『結論として、子どもをつかむことは子どもを変えることにつきるが、それはまた、どういう子どもにするのかということを抜きにしては考えられない。』どういう子にするかという人間像を抜きにしておいて、子どもをつかめたとかつかめんと言っているだけでは、たぶん実践活動にはならない。」（著作集第四巻、283頁）

本章では、恵那と石田の生活綴方の展開、その教育学意識が、科学の教育と学力についての認識へと展開し、新たな教育実践への視点を切り拓いてきたことを検討し、跡づけてみた。そこでは、恵那と石田の教育学認識は、戦後の教育と科学の結合の理論に対する批判を含んだ重要な問題提起、異議申し立てとして展開したことを確認することができる。

しかし実は、この日本の戦後教育実践と教育学理論にとっての中心問題をなしてきた「科学と教育の結合」問題は、以前と比較して格段に強まった新自由主義の下での競争の仕組みの中で、そしてまた以前とは質的に異なる生活意識がより根底的な性格の変化を伴って子どものなかに広まっている中で、あらたな実践的・理論的解明を要する中心問題へとせり上がってきている。だからこそ、支配の政策自身もまた、「生きる力」とか「応用力」とか「関心・意欲・態度の重視」、あるいは「資質・能力」の探究、等々として、その問題点への対処の道を探りつつある。受験学力の歪みが昂進し、「あらゆる知識を自分のなかで組み替える」という時のその土台となる主体的生活意識の希薄化、喪失という困難に直面している中で、科学の学習が子どもの「生きる力」に転化しないという問題を徹底して解明しようとした恵那と石田の探究が、今あらためて歴史的経験として学ばれて良いのではないか。

［注］

（注1）小川太郎は、次のような主張を展開していた。

「生活綴方の教育は、そのような科学的認識の根源となり前提となる人間と生活の事実的認識を育てるのである。個人的・身辺的・日常的な人間と生活という、いわば偶然的な現象であっても、それを孤立的・部分的・外面的にしか認識しない段階から、関係的・全体的・内面的に認識する段階（悟性的認識―引用者注）にまで、子どもの認識を発展させるという仕事によって、人間と生活の現象を現象としてしだいに深く客観的に認識する力を育て、また現象についての多様な知識をも獲得させていく。そうすることで、科学的な認識の基礎を作り、科学的認識への上昇の道をととのえるのである。／そのようにして、人間と生活の現象を正確に認識するようになることは、教科でその科学的認識を系統的に形成する指導が行われるさいに、そこで形成される概念を、直観と体験に満ちた内容のある概念たらしめ、そこで習得する法則についての認識を、自分自身とその生活を現実に支配している法則——生活に意味を持つ法則——の認識として獲得せしむることになるであろう。

こうして、生活綴方は科学的認識の基礎と道をととのえるとともに、科学的認識そのものを人間のものたらしめ、人間のためのものたらしめるという効能を持つ。……」（『小川太郎著作集』第三巻、一九八〇年、青木書店、369-370頁。傍点引用者）

「生活綴方の教育が、事実をありのままにというときには、事実はこれだけの厚さで言われているのである。個々の事実の認識を感性的というのに対して、この関係と変化を現象的に捉える認識を悟性的といってもよいだろう。そうした厚さを持つ事実を、ありのままに認識する悟性的な能力の発展が期せられているのである。」（しかし―引用者）「現象としての事実の関係と変化は、法則によって貫かれている。そして認識は、実はこの法則の認識にまで進まなければ、真実の認識とは言えない。」（はたして―引用者）「生活綴方によって深められる認識は、そこまでリアルになり得るであろうか。」（同前273-275頁）

確かに小川は、「生活綴方は科学的認識の基礎と道をととのえるとともに、科学的認識そのものを人間のものたらしめ」という両面――「生活から」と「生活へ」という両方のベクトル――を捉えていたということもできる。しかし「生活綴方的教育方法」の主張においては、「生活綴方は科学的認識の基礎と道をととのえ」るという側面に重点が置かれて受け止められていった。それは当時の、高度成長が始まりつつあるなかでのより系統的な科学の体系的学習こそが必要になっているという認識の広がりを背景としたものでもあったと思われる。そしてその背景には、当時の唯物論的な認識の反映論的な段階論（感覚的認識・感性的認識――悟性的認識――科学的認識という段階論）があったと思われる。生活認識と科学的認識は、相互に媒介しつつ、認識と実践の高い統一にむけて、ともに発展していくという把握、生活と科学との相互弁証法的な関係、認識論的にいえば実践的唯物論に向かう把握がより深く切り拓かれていたならば、生活綴方の可能性がより明確に理論化され、豊かに継承され得たのではないかと考える。ただ、小川は、日本作文の会の「62年方針」については強く批判しており、「生活指導のしごとの中の、実生活をリアルに書き合うことを通して子どもの生き方の成長と変革をはかるという部分を、よそのしごととしてではなく、『日作』のしごととして見直すべきであろう」とも述べている（『小川太郎著作集』第三巻、420頁）。これらの点については、佐貫浩「教育における地域の意義」（『法政大学文学部紀要』30号、一九八五年三月三〇日）参照。

（注2）この全生研への批判は、全生研が生活指導という独自の領域と方法を定立したことへの批判ではない。生活綴方が持っていた生活認識や生活実感の意識化と、書くことによる生活の再構成への挑戦という固有の生活への働きかけの方法——生活綴方が持つ固有の生活への働きかけの方法——が積極的に位置づけられていないこと、その結果、教科指導と生活への指導の両方の土台に生活綴方が取り組まれることによって教科学習と生活への指導との深いつながりが実現されるという生活綴方教育が追求してきた固有の方法が見失われてしまうことへの批判であった。生活認識こそが「認識活動としての学習へも、生活を変えていく主体的な行動へも統一的に立ち向かう姿勢の基本なんだというとらえ方」が失われていくことへの批判であった。「認識は教科で姿勢は生活指導」、「綴方は感性的認識で、教科は科学的認識だ」という捉え方が広まり、教科学習を生活認識に働きかけることがないままの科学の論理の学習に追いやり、また生活認識の形成に教科学習の側から接近するという質が見失われることへの批判であった。これは生活綴方教育において、教科指導と生活への指導が一体として遂行されていた事態を否定的に総括するのか、発展的に継承するのかという問題でもあった。

この点に関して城丸章夫は、「生活綴方と生活指導」（雑誌『教育』一九七七年三月号、国土社）という論文において、興味ある指摘をしている。

「もともと、『生活綴方的教育方法』は、作文の指導に密着した指導論であるために、理論としては、あまりに教科指導論的である。例えば、小川太郎の『生活綴方的教育方法』論は、『良い教科授業』のための方法と読み替えても、大きな狂いは出てこない。これでは生活指導は、見方・考え方の指導の中に閉じこめられてしまう。しかもそのことが、どんな危険を持つかは、すでに右に述べたとおりである。生活指導が『生き方の指導』であると考えられてきたのは、見方・考え方の指導だけではなくて、行動の指導をするものであったからである。『生活綴方的教育方法論』には、見方・考え方とは異なる独自性を持つものとしての行動の指導の独自性がとらえられていない。これは、『生活綴方的教育方法』という当時の整理の決定的な弱点である。」(54頁、傍点は引用者)

この批判の視点は、ある部分では石田の批判と通じている。しかし石田と城丸の違いは、城丸はこの批判から出発して、教科指導とは別の自治の指導としての生活指導の独自の教育課程が立てられなければならないが、生活綴方はそのことに意図的に消極的、あるいは軽視しており、生活綴方だけでは契約によって成り立つ公的な市民社会の形成に意識的に取り組むことができないと批判するのに対して、石田は、現実直視と現実変革という綴方の方法に、この教科指導と生活指導を統一して展開する方法論があると主張するのである。石田は、自治の指導などが独自の生活指導の場と方法として必要であるということを承認した上でなお、生活綴方の指導こそが教科指導と生活指導を生活づくりとして統一的に遂行する不可欠な機能を担っていることを主張するのである。そして石田は、その視点を七〇年代において生活綴方教育の復興と「私の教育課程づくり」「思春期の性の実践」などとして推進していくのである。当然、この批判は、七〇年代の恵那における生活綴方教育の復興への強い構えを含んだものであった。

(注3)レーニン「青年同盟の任務」(『レーニン・スターリン青年論』(国民文庫)松本滋訳、大月書店、一九九五年)参照。

(注4)おそらく、「生きる力」という概念は、恵那における提起が最初であったように思われる。文部省は「生きる力」という規定を使うようになったが、それは二つの側面を持っているように思われる。第一には、単なる受験知識ではなく、さまざまなコンピテンシー(思考力、応用力、表現力、等々)に繋がる学力で、子どもが今後直面する場で求められる対処力へとバージョンアップされた学力であるという質、第二には、現実の競争社会に求められる、自己責任で生き抜いていく力量としての生きる力を意味しているだろう。それは単なる

コンピテンシーを超えて、現代社会の競争や格差を不可避のものとして自らの力によって生き抜いていくという現代社会を受容する価値観や態度、あるいは積極的にそういう価値を担って生きようとする態度を意味していると思われる。しかしここには、石田が「自主性」に繋がるとした、主体的な判断力、社会や現実や課題（矛盾）に対してまさに人間として対処し、立ち向かい、共同しつつ新しい生き方を切り拓いていく力としての「生きる力」は欠落しているように思われる。したがってまた、文部省のいう生きる力は、その力のすべてが、目標管理されるべきもの、政策的にその価値内容が方向づけられるべきものとして位置づけられているように思われる。政策の方向にそって、主体的に生きる人格を如何に形成するかという教育がそこでは意図されているように思われる。政策のいう「生きる力」概念はそのことによって矮小化され、石田のいう「生きる力」の反対物に変形されているのである。いやそれ以上に危険な、国家主義と日本の経済競争力の視点から人格の価値意識や態度が方向づけられる「能動的」人間（いわば究極的に受動的な「能動的人格の形成」）を求めるものであろう。著作集第三巻において「生きる力」という言葉は、論文8（一九七四年、101頁）、論文12（一九七六年、204頁）等にみられる。

石田は「生きる力」について以下のようにも述べている。

「今、指導要領が改められるにあたって、中教審が言い出しているまさにまやかしの『生きる力』。彼らも『生きる力』としか言うことができないようになってきた。彼らなりの言葉ではもう日本国民は納得しないようになった。だから戦後の民主教育が生み出した言葉を存分に彼らは使い始めたわけです。『生きる力がない』というようなことを今度は答申の中心に置いてきた。その『生きる力』と言っているのは、二〇年も前にわたしたちはこういうふうにして言っているわけです。『何のために生きるのかという問題を、生きる目当てと生きる力を統一したものとして子どもにどう生み出させるのかということにほかならない。』……」（著作集第四巻、284頁、一九九七年）

第五章　恵那と石田和男の生活綴方のとらえ方

――書くことの意味、自分を基盤とした思考、生活の再構成

1　書き言葉による表現と人間的思考の回復

今、子どもたちは、自分というものを土台にして物事を考え、判断するということが大変難しくなってきている。なぜそうなのか。

まず、自分が価値を持った存在であるとはなかなか考えられなくなっている。また、そもそも自分のなかに自分が依拠すべき価値があるという感覚も大きく奪われているように思う。自分の要求はあっても、それが一定の普遍性をもった価値を含んでおり、他者に対しても主張できるものであるという感覚はなかなか持てないままでいるのではないか。

自分の中にどんな価値があるかということは、他者との関係の中で自分の思いを表現することを繰り返し、議論を経て合意や共感を重ねていく中で次第に明確になっていく。その際、私たちは、言葉を介さないとそもそも考えることはできない。価値の内容を意識的に把握するた

めにも、言葉が不可欠である。

思考するための言葉は、「外から」借りてこなければならない。自分の中で使うものだけれども、言葉（言語）は、自分を超えて社会的に確認されている一定の客観的な意味と論理をもったものとして存在しており、私たちはそれを借りてきて、自分の思いや感覚や思考内容を表現する。赤ちゃんは、外にある言語を使って自分の思いを、試行錯誤的に表現する。言葉が自分の思いを表現しているという感覚をつかむためには、何回も試行錯誤をしなければならない。それを繰り返しながら、言語を使って自分自身を表現するわざと力量を獲得していく。そして、自分の中にあるものを、その言語を使って意識化し、思考し、主張することができるようになっていく。だから人間は、身体や感覚器官が感得している感覚を、言語を使うことによって意識的に捉え、論理的に思考することができる。科学的であるとか、価値がそこにあるとか、矛盾があるとか、非合理であるとか、等々の判断もできるようになる。思考することは、このような言語を、内言として使用することで初めて可能となる。(注1)

しかし今、私たちは言語を使用しているにもかかわらず、真に考えるべきことを避けていることが多くなっているように思う。その理由として、次のようなことを指摘できるだろう。

第一に、今、表現をシュリンクする状態が広まっている。例えばメールやSNSで、〝即レス〟をしなければ外されてしまうという恐れで、急いで「いいね」というメッセージをすぐに返さなければならないと考えるような行動様式が広まっている。あるいは「空気を読む」結果、土井隆義の指摘する「優しさの技法」(注2)を行使している。それは、他者に対して絶えず優しい自分を演じなければ、いつ自分がその他者から排除されるかわからないという不安があって、他者の求める自分を演じ続け、本当の自分を表現することができないという状態を指している。それは、自分の本心を表現することではなく、他者の求める自分を演ずることを意味している。この、本当の自分を表現することが難しい状況は、自分の思い、感覚、価値認識を土台に主体的に思考し、判断し、行動することが抑圧されている状態を意味する。本当の自分が表現できたときに初めて、私は私であるという感覚を高めることができるし、本当の自分の表現によって他者との関係を豊かなものへと編み上げていくことができ、自分が他者に受け入れられ必要とされているという感覚を蓄積し、自分の価値の固有性も確信することができる。書くことによる自己の確立にとっては、そういう自己自身の内面的真実に依拠した表現が不可欠となる。

ところがいまは「優しい自分を演じる」、あるいは空気を読んでその空間の中で居場所を確保するという戦略で表現が行われることが多い。例えば、「いじめの四層構造」(注3)というものがある。あんないじめをやめればいいのにと思っている人間が、しかし「やめろ」と言えば、自分にいじめが回され、孤立する恐れがある。その空間の中で自分が暴力を受けないためには、いじめをはやしたてる「観衆」や見て見ぬふりをする「傍観者」の位置を確保し、演じるようになる力学が働いているのである。そういう中では、友達であっても裏切って、その友人をいじめることに参加することを強要されるような、非人間的な立場をとることすら強いられることもある。そこでは、人間的価値にしたがって行動することが困難になる。確かにそこでは、戦略的にどういう行動を選べば良いのかを考える思考は、高度な緊張感を伴って遂行されているが、人間的な価値や正義にしたがって思考し、行動することはストップさせられていく。

そのことはより大きな視野で見ると、表現の自由が抑圧されていることを意味している。思考の自由は表現の自由と不可分に結合している。戦略的な表現は、自分を拘束したり、貶める圧力に対して、その圧力の下でいかに有利にサバイバルするかという選択として選びとられる。そこでは、ハーバーマスのいうコミュニケーション的合理性（理性）が抑圧されている。そのため、「真理性」「誠実性」「規範性」にしたがったコミュニケーションを介して共に生きていく合意を形成していくという他者との関係性が奪われていく。言語的な思考と合意の空間に権力的な支配が浸透し、思考自体が抑圧される状況が生まれる。(注4) 表現の自由が回復されなければ、思考の自由もまた回復できない事態が展開する。

第二に、そのこととも関係するが、思考の領域の一面化という事態があると思われる。これほどに厳しい学力競争が展開する中では、思考力が競争され、その意味では学力競争の中で思考力が訓練されていると考えてしまいがちであるが、逆の事態が展開している。

確かに、単に知識を覚えているかに止まらず、試験問題を解くという「思考」の力は、テストによる計測・評価の対象となる。しかしその思考は、コンピュータによって代替可能な思考に止まるのではないか。客観的、科学的に論証可能な問題については、唯一の正解を求めることが一定の手続きに従うと可能になる。また純粋に論理的な思考（例えば数学において展開されるような思考）においては、厳密な論理を探究すれば、一つの解にたどり着く。個人の価値観や主観的選択に関わらない問題考察においては、論理学や定型的なアルゴリズムなどを介して、唯一の正解にたどり着くことができる。しかし人間がどう生きるかに関わる問題（生活や政治、あるいは各種の文化活動領域の問題）においては、そこに個々人の価値観、感情、規範などが大きく関わってくる。そしてなおかつそういう主観性、価値観の多様性をもった思考を、自分が主体的に生きるための思考として、確かなものとしていかなければならない。またそういう個人の思考や判断を他者と突き合わせ、交流し、コミュニケーションを通して合意しつつ共同の空間で生きていかなければならない。そしてそういう空間と関係性の中においてこそ、自由や民主主義や平等などの関係にかかわる価値が大きな役割を果たす。

今、この領域における思考が、大きな困難を抱えているのではないか。受験学力からはそういう内容がはずされていく。本来そういう思考が求められる社会科などにおいても試験に「正解」できる知識の習得が主流になっている。また先に見たように、そういう関係的な価値に関わる思考の領域においてこそ、コミュニケーションが「戦略化」し、権力ゲームの中で萎縮させられてきている。生活指導はそういう思考をこそ子どもの中に生み出していく教育の重要な領域であるが、管理主義、規則の押しつけの広がりの中で、価値と規範をめぐる主体的な思考が展開しにくくなっている。そして生活や政治の領域において物事を考えることが少なくなり、生きるための思考が弱まっているのではないか。

学力偏差値を獲得するために学ぶ課題があって、それを一生懸命学んでも、自分の生き方においてどんな意味があるかという問題はその思考の文脈の中には入らないものになっている。だから、そういう空間で行う表現も、自分の生き方とは切断されている。そうすると、自分の感情や価値感覚を土台にして思考するということができなくなる。自分の中に価値があるという自覚も失われていく。自分の思考、自分の感覚、自分の身体感覚を土台にして考え、現実世界の中で主体的に生きていくことが困難になっていく。

そのように考えてみれば、生活綴方とは、生活に結びつき、価値の選択と創造を含んだ領域において、自分の生活感覚や価値意識を土台として、どう生きるかを主体的に思考する力を子どもに獲得させる教育の方法として開発され、磨き上げられてきたものであることが明確になる。そのことが改めて注目されて良いのではないか。生活綴方は、〈自分自身を土台にして考え表現していいんだよ、君自身の課題に即して学びを求めていいんだよ、君自身の主体性を回復することが学習にとっても、生きるためにも最も大事で基礎的なことなんだよ〉ということを、自分と自分の生活をリアルに書くことの中からつかませていくものである。そこに、生活綴方の改めての現代的意義がある。そのような性格をもつものとして、生活綴方教育の書き言葉による表現の意味が把握できるとするならば、それは、一九五〇年代の生活の時代的特性にのみ対応した教育の方法なのではなく、現代においてこそ、生活綴方の基本的な理念が継承され、それを具体化する方法が開発される必要があると言えるのではないか。

2　書くことと考えること

石田は、戦時中の「戦争の終わりが考えられぬ無知」（石田「今あらためて生活綴方を」『作文と教育』一九八六年九月号）への強い悔恨と反省の思いを抱えて、教師の仕事に就いたなかで、子どもが本当に考えるとはどういうことかを求めて苦闘していた。

「私は教育は社会進歩のための事業だという立場で、考えることを大事にする実践を、あれやこれやがむしゃらにやってみた。……けれど私の実践は、信念だけが空転し、その信念が教育として子どもたちのものにはなっていかないことが多かった。社会進歩は、平和で文化的な民主主義の日本を作ることのスローガンにしかならなかったし、考えることは、よく考えてみよきちんと考えたかの押しつけにしかなっていないのが痛みとして分かった。信念が教育として具体的に効用をもたらさないもどかしさは、自分でもよく分かった。」（同、14頁）

そんな切実な苦闘のなかにある石田に、子どもが考える具体的な筋道、手立てを示してくれたのが生活綴方であった。少し長いが石田の記述をそのまま紹介しよう。

「五〇年代の生活綴方教育の実践のなかで、私は『考えること』を正面に出して、それを生のまま子どもにぶつけることをしないで、『事実をありのままにとらえる』とか『本当のことをみつめる』などの言い方で、考える作用の基本を子どもたちに得させるようにつとめてきたが、そうした言い方で具体化されたものこそ、当初、私が理念として抱いていた『考えること』の教育化であったわけである」。「生活綴方で見る場合の対象は、写生文として改めて何かのものとしての対象を見るのではなく、通常はすでに自己の内面に、生活を通じて蓄積され、実感されている生活事象そのものを、改めて見るというところに対象の基本がおかれるわけである。いうならば、見る対象は自己の内面の反映している外面としての生活の事柄、あるいは事柄の局面としての事、物であるのだ。つまり自己の内面の一部となっている生活の実感をこそ見る対象とすべきだと思うのである。／そして、それを見るというのは、内面で生活の実感となっている外面の生活の事実を、ありのままに綴ることに他ならないのだが、それは自己の言語によってる綴るため、生活実感となっている自己の内面的現実を、自らで意味的に再現、客観化する作業そのもののことなのである。／この作業は、言語を用いて自己の内面に反映している現実を意味的に再現する過程で、『どうなっているのか』ということだけでなく、『なぜなのか』という問題を自己の中に生み出させる作用をするが、事実をありのままに見つめることによって得られる観察過程そのものが、対象に対する思考を通じて、自己の立場としての生活意識を生み出させるのである。そしてこの生活意識こそ考えた所産ともいえるわけである。」（同、16-17頁）

石田においては、まさにここにこそ、すなわち子どもがかけ値なしに自分で「考える」方法として生活綴方をあらたに発見したという点にこそ、生活綴方に取り組むもっとも根本の動機があったということができる。

3　書くことによる意識化と「もう一人の自分」の立ち上げ

恵那で生活綴方が展開された最初は、一九四〇年代の終わりから五〇年代にかけてだった。戦後直後は、戦前から続いてきた日本社会の深い封建制、家父長的な女性差別などが深く組み込まれており、特に農村部においてはそうであった。しかし民主化の流れが農村にも押し寄せていく。学校は、そういう民主主義の価値を子どもに広めていく役割を果たした。

戦前社会、そして戦後初期の社会においても、子どもたちは自由に自分の思いや考えを表現するという習慣は非常に希薄だったといって良い。しかし戦争への反省もあって、多くの教師たちが、平和や人権や民主主義の価値を子どもたちに伝えようと試行錯誤しつつあった。そういう中で、子どもたちの綴方には、貧困、戦争の爪痕、父親の横暴、女達の苦しみ、等々が次第に表現され、教室にも持ち込まれてきた。そういう日々抱いている思いを出し合って、どうすれば良いかを考えなければならなくなっていった。そして教室空間、生活綴方の学習の中で、そういう困難や矛盾や理不尽を出し合って自由に議論ができるような雰囲気が作られていった。その中で子どもたちは、人間として生活の中で抱いているさまざまな思いを自由に表現し、なぜそういうことがおきるのか、どうすれば良いのかを考えることが大事だと励まされていった。綴方を書かせる教師たちは、そういう問題を考えることこそ人間として生きるうえで大変重要で、書くことを通して考える力を高めなければならないと励ました。

その中では、書くことによる意識化作用がとても重要になる。人間は、自分の全感覚器官を通してさまざまに外の世界の変化を感受し、その変化に対応しようとしている。そして事物や事柄に対して、多様な感覚や感情をもいだく。しかしその大部分は、短時間のちょっとした感覚やおかしさ、ときには疑問などとしてほんの少し意識に痕跡を残しながらも、ほとんどが忘却へと押し込められていく。あるいはいつもと同じ感覚としてこれまた意識下へ押しやられてしまう。その意味では私たちは、意識と無意識の境界領域に昇ってくる非常に多くの感覚をもちながらも、そのほとんどを無意識に押し戻し、意識の底へと沈めていく。しかしそこには、新しい認識や気づきへと繋がる多くの意味あるものが隠れている可能性がある。違和感などが、直面している事態への鋭い批判と結びつく可能性もある。「いつもと同じ」という感覚を解除し、その本質に気づき、鋭い現状批判へと思考が展開していく契機がそこに隠されている。

自分の中で思っていることを表現していいのだという感覚を持ち得ないとき、人間は自分の感覚に依拠して考えることができなくなる。自分の感覚に依拠していいという中で、自分の感覚や微妙な意識をしっかりと検討と思考の対象に据えて、そういう感覚が生まれた状況や環境をリアルに見つめ、ありのままに再生し、見えなかったものを発見し、物事の本質を捉えていく。そういう意識と無意識の境界領域の感覚は、それを意識化しない限り明確な認識にはつながらないし、自らが取り組む課題にも押し上げられない。意識化には至っていない色々な矛盾やおかしさの感覚が漠然とした混沌の様相において存在しているこの領域を、意識化して検討できるようにし、あらためて正義や人間の尊厳などに照らして吟味してみれば、人は、いままでよりはるかに豊かな、意識的に生きる世界を手にすることができる。綴方教師はそのようにして、子どもたちが意識的に生きる世界を一挙に広げようとしたのではなかったか。

そういう境界領域でかすかに意識されていることを、書くことによって意識化し、その中の本質的問題に気づくならば、子どもたちが生きる世界、思考の世界は豊かなものとなる。日々の生活の中に、人間として考えるべきことがとても沢山あることに気づく。人間として生きるために、その課題と格闘する本当にぎゅっとつまった生活が、子ども自身によって生きられるだろう。そのためには、そういう問題があることを教師がつかみ、子どもの意識化を助ける必要がある。綴方教師は、子どもの意識化を支え、子どもが生きるべき意味のある生活に子ども自身が気づき、それを生きようとして取り組むことを支えようとする。しかしそれは教師による子どもへの啓蒙ではなく、子ども自身が自分の生活を見つめることによって自分で発見するという主体的な過程を組織し、子どもに生活を綴らせ、ありのままに自分の生活の現実や矛盾や課題を捉えさせるのである。そこに生活綴方教育の特質がある。

しかし、再び子どもの現実に立ち戻れば、子どもが書くものに、子どもの真実がすぐに表現されるわけではない。石田は、子どもが書いた「つまらない」綴方とも教師は出会うという。最初からすごいと思うようなものを書く子どもはほとんどいない。しかし教師は、こんなつまらないことしか書けないのはどうしてかというふうに見た時に、そこにその子どもの重い現実が反映した表現があるという。そのつまらないという表現の現実のなかに、あるいはその背後に「つまった」現実があると捉える。そしてそこから教師と子どもとの対話が始まる。石田は、こどもを「つまらない」状況に追い込んでいる「つまった」現実をこそとらえ、どうしてそんなふうにしか考えられないのか、そこに何があるのか、対話をしながら子どもの意識下にある思いを引き出し、言葉で紡ぎ出すことを促していく。そして次第に「つまったもの」に子どもの意識が及び、表現を通してその現実と格闘するところへと展開していくように支える。そのために自分の生活と自分自身をも「ありのままに」捉えさせていく。そして自分がなぜそうするのかを、その状況を作り出している原因や周りの条件を捉えるなかでつかまえ、その中でどうしたかったのか、どうするのがいいのかを、書くことを通して確かな認識へと高め、自分の生き方を意識において再構成することとして綴方を書くように指導する。生活綴方は、自分の生活を客観的に対象化するだけではなく、対象化した現実の中で生きる自分自身を対象化し、それを自分自身の本心、内面の真実としての価値や思いから吟味し、自分の中にある人間的真実に立脚して、それを広げていくような生き方を探求させる。そしてそのようにして生きようとする本当の自分自身を誕生させる。

このような内面の真実に依拠して生きようとする表現が交わされ合う教室は、一人ひとりの真実を共有し、共感し合う空間となる。いやそういう関係性が形成されていかないと、そもそも真実の表現をそこに提示することができない。人間的真実が「つまった」表現は、次第に学級を変えていく。子どもたちは、それぞれの内面にある人間的真実に共感しつつ、○○ちゃんはこんなことを考えながら生きているということを共有するようになっていく。表現によって繋がれた共に生きる仲間が組織されていく。そしてその中で自らの真実に従って行動していく勇気、それを支える関係が生み出されていく。そこに自分自身に依拠して考えていいんだという主体性を互いに支え合う教室空間が切り拓かれる。

「綴方は人間的で自由な雰囲気の中で花ひらくものだという問題です。普通でいえば、学級づくりといわれている問題です。そういうことを抜きにして、綴方だけを花開かせるわけにはいかないだろうと思います。いってみれば、綴方の土壌の問題です。……／……

信頼のないところで、心の芽が吹くことはありえないわけです。信頼はお互いの交流と理解を深める、強めることを抜きにして成り立たないわけです。その交流と理解の中に生活綴方をおくという問題がまた重要なのだと思います。」（著作集第四巻、142頁）

子ども自身が、生きられない思いを、ある意味で無意識の領域へ閉じ込めて生きている。その無意識の領域を意識化の領域へと引き上げ、その中にある人間的本質、人間的真実を子どもと教師が共同して探求し、意識化していこうとする。そして子どもがそういう人間的本質を自らの中に発見し、それを生きようとする姿に触れるときに、教師は子どもを信頼し、子どもと共に生きようとし、そのことに喜びを感じる。生活綴方はその意味で、表現を通した子どもと教師との対話、子ども同士の対話を通して、共に生きる世界を再構築していく営みである。それは、石田が戦時中に、何も考えることができなかったことへの自らの反省として、ようやくたどり着いた、考える教育への道であった。

一つの補足をしておきたい。石田はある時、話の中で、キリスト教と生活綴方の関係について短く触れたことがある。そこにどういう思いがあったかほとんどわからないほどの短い言葉であったが、私には非常に深い印象をともなうものであった。石田の教室で、綴方をどんなふうに受けとめ、綴方と取り組んでいったかの安江満寿子の記録（著作集第1巻、123頁）を読む時、その石田の言いたかったことが読み取れるように思う。

キリスト教の敬虔な信者は、自らの内面世界に神を宿す。困難に直面した時に、その神との対話を通して、神に照らされた自分の選びとるべき真実を探求する。そこに選び取られた真実は、自らの意志と思考によって選び取った真実に他ならない。しかしそれは同時に、神の意志によって照らしだされた真実として、自分を離れ、自分を照らし、いまある自分を見つめるもう一人の自分として、神の目ともなる。それは心理学的に言えば、もう一人の自分を自分の中に立ち上げることを意味している。そして困難や未知の課題に直面した時、それまでに蓄積してきた真理や価値に立脚してあるべき自分を探求しようとするもう一人の自分として、自らの内部に神の目に照らされつつ対話する自分を生み出す。多くの日本人には、そういう宗教感覚はほとんどないように思う。しかし綴方は、そういう内面世界の構造を教師との信頼関係の中で作り出していく営みとなる面があるのではないか。そういう意味では、子どもの教師への信頼の質が、非常に重要な課題となる。教師は子どもの迷いに対して、あるべき道の探求を常に励ましてくれる「神の目」としての役割を果たす。子どもは、たとえ教師が目の前にいなくても、迷いの中で、教師を対話者として意識の中に登場させる。いま、教師がいればどのように言うだろうかということを考えながら、あるべき自分を選び取っていく。その意味では教師は「神の目」としての役割を果たす。

しかしここにまた危うさもある。もし教師が、自分の期待に添うような子どもを育てようとするならば、その「神の目」は、教師の思いを先取りする思考、教師の評価におもねる思考や行動戦略を生み出し、真実の自分、自分自身の思考による主体的な問題への向かい合いを断ちきるものへと歪められる可能性がある。そうなると「作文」は、教師の評価に合わせて自分を演じる行為となる。そうすると自分自身を分析する視点は失われる。そこに生活綴方における指導の難しさ、危うさもまた存在する。教師と子どもの信頼関係を土台にして、子どもが自らの人間的真実を探求することを励ますのか、それとも教師の求めるものを探してそれを演ずるのか、そこに綴方が、本当の子ども自身の表現になるのかどうかの岐路が存在する。その岐路を超え、真実の自分を探求するための「書くこと」を身につけた時、どんな困難があっても今の自分を絶えず人間的に新しい自分へと作り替えようとする自分がいること――その自分に従って生き抜こうとする勇気を持った自分がいること――を自覚できるような人格構造が形成される。恵那の生活綴方の大きな特徴は、書くこと、綴ることを、そういう自律的な人格の立ち上げにまで結びつけようとしたことにあるのではないか。石田が述べる「自分の生活を意識において再構成すること」という言葉は、そのような意味を持っているのではないか。

4　子どもに書かせることへの再挑戦――生活綴方の再興へ

一九六〇年代後半に、日本は世界で最も緻密な学力競争体制を構築した。もちろん、世界には学力をめぐるさまざまな競争の制度が存在していた。しかしそれはエリートにおける競争の制度であった。しかし日本は、一九七四年度には高校進学率が九〇％台を超え、すべての中学生が高校入学にあたって必ず高校受験をくぐり、格差化、序列化された高校を選ばなければならないという意味で、文字どおり世界初の大衆的学力競争社会となった。

五〇年代は、多くの子どもたちに、地域に結びついた生活の土台があった。『やまびこ学校』（無着成恭実践）は、まさにそのような生活の土台において、中学生が思考する綴方教育の実践であった。その子どもたちのほとんどが、中学を卒業すると貴重な労働力として労働の現場に入っていった。そのような中で、自分たちが明日にも直面することとなる農村での人生をどのように生きるかという課題が、生活綴方教育を通して真剣に探求されたのであった。そういう意味で、子どもたちにのしかかるような生活の重さがあったし、それを中心的テーマにして、子どもたちは自分の生活を綴り考えた。しかし六〇年からの経済の高度成長とその下での学力競争体制の進展の中で、そんな農業の仕事を手伝う必要はない、学力を高めることが未来の生活を切り拓く保証になるという考え方へと、人びとの意識が急激に変化していった。自分の生活の中に生きるべき価値があるという生活綴方のものの見方ではなく、知識や科学のなかにこそ価値があり、それを学力として身につけることが決定的に重要だと考えるようになっていった。綴方など書かないで、とにかく受験勉強をしろという方向に変化していった。

そのような教育と社会変化に並行して、岐阜県では、教職員組合員を組合から脱退させようという「教育正常化」攻撃が展開されていった。当時岐阜県では非常に反動的な政治が行われていて、この組合脱退工作では、組合員の八割が脱退させられた。このとき恵那では、逆に八割の組合員が組合に残るというたたかいを展開した。しかしその後には、「教室は砂漠、子どもたちはミイラ」とまで表現したような教育の荒廃が浸透してきた。伝統的な生活綴方教育も失われていった。

六〇年代の教育は、同時に、「スプートニク・ショック」を一つの背景として、科学の知識を子どもたちに教えなければならないという方向性を強力に押しだした。人工衛星を打ち上げたソ連に科学技術で後れをとってはならない、という焦りも高まった。また高度経済成長の豊かさを手にするには、学力を高めて良い就職をすることが不可欠だという意識も強まった。それらと親和的なブルーナーの理論が教育学において強く受け入れられていった（著作集第三巻、田中孝彦解説参照）。それは科学の体系的論理を組み込んだ教育内容を系統的に学習させれば、科学的な認識、その方法、科学的なものの考え方が身についていくという理論であった。それらがあわさって学力競争が昂進し、同時に科学主義的な教育学理論と方法が広まっていった。

しかしその結果、子どもたちの学習への目的意識が形成されないままに教育内容の高度化や詰め込みが進み、子どもをわかるまで丁寧に教えるという条件も後退し、落ちこぼれ（落ちこぼし）が急速に増大していった。さらに、競争で子どもを学習に向かわせるという仕組みに学校教育が囚われ、学習意欲が大きな歪みをもち、低下していく事態が広がっていった。しかしそういう背景は、同時に受験学力を求める国民の声を高め、恵那の教育に対しても、「学力が低い」というような攻撃が向けられていった。

しかし石田たちはその時、子どもたちの中に現れている矛盾の構造を深く捉えることによって独自の方向を選んだ。それは「地肌の教育」という方向であった。第三章で述べたが、そのような方向性を選んだ背景には、恵那の教師達が五〇年代に味わった生活綴方教育実践の中で獲得していった「教育実感」があった。六〇年代に恵那教科研が陥った科学主義的な教育運動への批判的な総括、反省は、この「教育実感」に依拠して展開されていった。この恵那教科研への批判による教育実践の新たな展開は、恵那における第二回目の「方針転換」（第一回目は勤評闘争直前の「組合運動の方針転換」）であった。

そしてあらたな「子どものつかみ直し」と「表現」に取り組んだ。表現といっても子どもたちは自分を表現することがなくなっていた。学校で行う「表現」とはテストに正解を書くことへと矮小化されていた。そういう困難を打ち破るために、いろいろな表現が試行された。川柳、マンガ、新聞、討論、等々（著作集第二巻、論文12「新聞づくりの発展のために」参照）。そしてそこに子どもの感情や思いが表現されているものがあれば教師間で表現への突破口として共有し、子どもたちにも共有させていった。

「地肌の教育」では、表現の質を高めることとは、「地肌を磨く」こととして捉えられていた。内面の主体的な価値意識や目的意識、能動的に生きようとする内面の意欲が体の肌からにじみ出て、他者との関係的世界へとあふれ出すようなイメージと捉えて良いだろう。内面の世界と外の世界との接点として「地肌」を捉え、内面世界の主体性を再構築し高めることで、外の世界に対する主体性を回復させようという方法であった。しかしそのためには、子どもたちの内面の世界、生きる意識を規定している値打ちの意識、価値の意識が政策の側に操作され、その主体性を乗っ取られようとしている事態に対して、どうやって本物の生き方を子ども自身に発見させていくかが大きな課題となった。「豆学校」「地域の子ども集団」の組織化などが精力的に探求されていった。しかし「地肌の教育」の到達点においては、主体的な子どもの生活認識の形成と言語による表現の方法との関係のありようは、いまだ試行錯誤の中にあった。

それを突破したのは、西小学校での生活綴方への再挑戦であった。そこから恵那の生活綴方教育の第二期の復興が切り拓かれていく。それを決意させたのは、石田らの「書き言葉を発展させることは、恵那の教育実践にとっては絶対の条件」（坂元忠芳「恵那の教育実践」『「恵那の教育」資料集』、92頁）だという気づきと信念であった。

5　恵那の一九七〇年代の生活綴方教育の特質

七〇年代の恵那の生活綴方は、大きな特徴を持っている。もちろん、恵那の綴方といっても非常に多くの教師たちが取り組んだものであり、多様性がある。しかし恵那で「典型」として、相互に共有されていった綴方作品には、次のような特徴があるように思われる。

（1）自らの生き方を切り拓く思考過程として書くことを展開させる

第一の特徴は、自分をつかみ、客観化し、あるべき自分を探求していくこと、人間的真実を自分の中に見いだし、それを広げ、自分の生き方を切り拓いていく過程を、自らの生活を綴ることによって、自分の思考を通して、主体的に歩んでいくという特性である。

表現は、多様なレベルで行われる。意識的でない表現であっても、その中にその表現を行った人間（子ども）の生活やメッセージが深く刻まれていることがある。だから教師は、子どもの日常の様子や表現に注目し、その子どもの状態や課題を読み解こうとする。しかし、恵那の場合は、そのような視点は当然に踏まえながらも、子どもが自分自身を意識的に捉えようとするレベルに表現が高められることを目指して指導をしていく。そしてそのためには、自分の内部の道徳的な反省を直接に呼び起こすような指導ではなく、自分のありのままを捉え、そのなかに値打ちある人間的なものを捉え、意識化し、高めるという方法を重視した。恵那の生活綴方について、ある種の価値観主義、教師による価値的誘導の教育であるというような批判がなされることがあるが、それは違うと思われる。子どもが自らの生活を主体的に形成していくためには、子ども自身が、自分の生活をリアリズムの精神で捉え、どこに矛盾があり、どこに人間的な価値があるかをつかみ、その価値の実現に向けてどう自分の生き方を切り拓いていくかを、自らの生活の再構成として挑戦していく必要があると考え、その内的な営みを子どもの中に立ち上げるために、綴方に取り組ませていったのである。それは、道徳主義的な「規範」や

「徳目」などを、外から子どもに背負わせるという方法の対極にあるものである。「ありのまま」とは、自分を規定し、歪めたり矛盾を背負わせたりしている外の世界、自分を規定している関係性の中に自分を捉えなおして対象化し、そのなかに人間としての確かな思いやゆずれない人間的思いを捉え、その思いや認識を核として自らの生活を再構成していく方法である。そのようにして、生活と自分をありのままに書き綴り、自分自身を対象化し、人間的な真実や願いがどこにあるのかを探究する思考を展開させることによって、子どものなかに生活の再構成への視点と意欲を生み出そうとすることに、恵那の綴方の大きな特徴がある。

「私たちの考える生活綴方は、少し理屈めいた申し上げ方で恐縮ですけれど、子どもが現実生活の中でつくりだしている生活実感――それはいや応なしに生活の実体が人間の内面に生み出してくる実感としての内面の真実というものをさしているのですが、それはまた、建前と本音という言い方で言えば本音の部分になるわけです。生活綴方は、それをつくりだしている生活の事実・現実を自らの言葉でありのままに再現し、客観化することにほかならないのです。」(著作集第三巻、290頁)

「生活を綴ることとは、意味化された経験を意識するというか、あるいは、経験を意味的に再構築するというか、そうした性格をもったことなのだと思います。」(著作集第四巻、10頁)

恵那の七〇年代の代表的な綴方――「はっちゃんのことを真剣に考えるようになったぼく」、「自分の心をしっかりさせるために思いきって書く」「ぼくが読んでやる」等々(注5)――には、そういう特徴がはっきりと読み取れる。一人ひとりの心の中にある、自分の中で解決しなければ意識的に新しい生き方を作り出せない、自分の主体的な生き方が切り拓かれない、自分が生きるための最も中心的な矛盾の焦点に立ち向かうためにこそ書く、書くことによって対象化した自分の生き方を再構築するところへ生き方を切り拓いていくという性格である。

だから、綴方の質が高まるということは、子どもの中に、そのような自分の生き方を切り拓くという格闘の過程――「生活を綴ることは、意味化された経験を意識するというか、あるいは、経験を意味的に再構成するというか、そうした性格をもつことなのだと思います。」(著作集第四巻、11頁)――が生まれ展開するという過程と一体のものである。それなしにいくら書かせようとしても、本物の綴方は出てこない。だからこそ書かせる指導は、その土台に、その子どもの直面している課題や困難や矛盾や押しかかるような圧力などについてしっかりとつかみ、子ども自身がその問題を自分で捉えられるように指導し、その課題を生きようとする子どもへの共感的なかかわりが欠かせない。だから生活綴方教師は、生活綴方を指導することで、子どもと共に生きる教師へと自分を変革していく。

（2）綴方と科学の学習の深い共同作業

もう一つの七〇年代における恵那の生活綴方の特徴は、科学の学習との深い共同作業として進められた点にある。それはある意味で、それまでの経過を踏まえるならば、必然的な特徴である。次のようなことが指摘できる。

①六〇年代半ばの恵那教科研活動への反省は、科学主義の教育への批判であるが、それは、科学が子どもの生活、子どもの生活意識、生活の中での科学の経験的修得――したがってまたそういう中での歪みや非科学性をともなう――とかかわりつつ学ばれるべきこと、さらには子どもの生活を立て直すために欠かせない生活認識の科学化の課題に焦点化して科学の学習が組織されねばならないという視点の欠落に対して向けられた批判であった。それは、科学の学習の、当時における困難をどう克服するかという視点から――すなわち科学の学習の新たな力ある展開を目指して――、それまでの教育実践や教育学のあり方を批判するものであった。

②石田は五〇年代の生活綴方に取り組む中で、むしろ、科学の方法や技術を如何にして子どもの生活に密着したものとして獲得させるかに深い関心を持って探求を続けていた。五〇年代に書いた図画と音楽に関する論文（著作集第一巻、論文3「うたわぬ子ども教えぬ教師」、論文5「版画から図画への道」）は、芸術教科に即してその苦闘を率直に記録したものである。だから石田は、六〇年代の恵那教科研の埋論への批判を展開する中で、子どもたちの認識はむしろ本当の科学

からも切断され、科学への興味も関心も希薄化し、受験知識の獲得の必要からのみ科学――いわば受験知識としての科学――が学習されていることをどう克服するかを考えようとした。その鍵は、「教科に生活をくぐらせる」（著作集第三巻、80頁）ことにあると把握していった。そういう文脈の中で石田は、「あたえられたものを自分の意識の中で作り変える」ことを強調し、その土台にありのままの精神で把握された子どもの変革的生活認識が組織される必要があると強調した（著作集第二巻、論文19「生活に根ざし生活を変革する教育の創造」269頁）。「あたえられた様々な知識を自分の意識の中で作り替えるという、その自分の意識……がはっきりしなければ作りかえることもできない」（同、269頁）といい、その「生活の実感」を高める方法として生活綴方を捉えたのである。石田においては、生活綴方と科学の学習が不可分なものとして繋がっているのである。

③それらのことと深く結びついているのだが、生活綴方教育運動の五〇年代末から六〇年代における否定的総括――無着成恭の考え方や日本作文の会の理論転換など――に対して、恵那の場合は明確に批判的態度を取った。科学を身につけていくためには、その科学を必要とする人間の認識の必要性と結びついてその科学を接収し作り変えるという主体的な学習が不可欠である。それは生活綴方という教育の営みの土台の上にこそ可能になることだと石田は考えた。

④また石田は、教育内容としての科学・文化の再構成なしに、教師の責務は果たせないと考えた。科学を子どもに働きかけうるように組み替え、子どもの生き方を切り拓くモードにおいて、

子どもに提供する教育課程づくり――「私の教育課程づくり」――を進めようとした。そしてそれは、先に見たような、子ども自身が自分の生活認識を意識化し、高め、自分の抱えている課題へ挑戦していく綴方の指導と一体のものとして進められるべきものだと考えた。

この四つの視点を踏まえていたがゆえに、七〇年代の恵那の生活綴方教育は、むしろ七〇年代における科学の学習の探求――学校における生活と科学と教育の結合の新たな挑戦――という性格を自覚的にもつものとなったのである。そしてその上に、生活綴方と科学の教育の共同作業による子どもの変革的成長が見通されると捉えたのである。「子どもを変える内面の問題の大きさは、現実の生活としての自覚的な生き方と、社会認識としての科学知識との、子どもの内面における統一の総体としてみなければならない」（著作集第三巻、204頁、傍点引用者）という主張は、そのような認識を鋭く捉えたものとなっている。子どもの中にある課題を解決するために、必要な知識や文化や科学を再構成し、それを教育課程として子どもに働きかけなければならない。その時、初めて科学が光り輝いてくる。そのような科学と学習の関係を生み出していかなければならない。そのような課題を意識的に追求しようと石田が挑戦した一つの試みは、先に見たような「思春期の性」についての学習であった。

七〇年代において、子どもたちの性に関する意識は、学校教育において学ぶ学習とほとんど分断されており、子どもたちは巷の「エッチ」を含んだ知識で、自分の性の意味や要求を考え、時にはそれが子どもたちの非行とも結びついていた。子どもたちの生活意識における「性」の捉え方と、学校教育の「性についての学習」が分断されていた。そのような中で、思春期の子どもたちは、自分の内側から起こってくる性への興味や関心や欲求を人間的な価値あるものとして意識的に捉えることはできず、恥ずかしいもの、やっかいなもの、汚れたもの、自分ではコントロールできないものとして捉えており、そのため、性のまっとうな意味での豊かさを生きる道を見いだせないままに混乱し、迷い、退廃へと誘い込まれようともしていた。性というのは本質的に人間的な要求であり、それを主体的に生きていくということができないときには、逆に人間は、この生物的な性的欲求に従属させられてしまう。身体感覚としての性の欲求を抑えるとか否定するのではなしに、その欲求や関心を、人類が高めてきた最も人間的な本質として、それを豊かに生きることにおいて自己実現をするという認識、見通しを子どもに持たせることが必要だと考えた。そしてそのための「科学」を編成しようと挑戦したのである。最終的にはその成果が、岩波ジュニア新書の第一号、石田和男著『思春期の生きかた』にまとめられた。それは、石田のいう、「教科に生活をくぐらせる」ことで、「私の教育課程づくり」を進めることへの挑戦を自ら切り拓こうとしたものであった。

6　荒れの中での「対話」への注目――「否定の否定の芽」というとらえ方

(1)「荒れ」の把握の方法と「対話」の提起

八〇年代に入って、子どもの荒れが広がっていく。その変化を石田はどう捉えようとしたか。生活綴方の精神をそのなかでどのように展開させようとしたのか。子どもの荒れについて、次のように石田は捉えようとした。

「（非行を起こした子どもたちは）矛盾の渦の中に入るけれども自らの矛盾がなんだかはっきりしないのです。バラバラの知識をどんなに詰め込まれても矛盾の実態を自ら把握することができないのです。／……だから『俺の気持ちをわかってくれんやないか』『俺の気持ちなんかわからんやないか』というのです。……／『俺の気持ち』といういい方で実は矛盾をはきだしているわけですが、それは自立への強い要求を秘めた言葉なのだと感じるわけです。……けれど自らで矛盾をつかみ、洞察する力がなければ、自立することはできないのだから、そこに今、私たちが実践上抱えている問題があるように思います。／気持ちがわかっただけでは、自立にはなっていかないのです。洞察をともなわなければ人間化への方向が得られないが、それを子ども自身が得られないというところにきていると思うのです。放置すれば矛盾は方向のない自立化への衝動になっていくのです。そして衝動化された行動として、様々な事件が今ひき起こされてきているのです。そして、それは、非人間的な行動へと段々爆発していくのです。」（著作集第三巻、325頁）

このような荒れの中にいる子どもたちをいかに「自己洞察」へ向かわせるか。そこで「対話」への取り組みを提起する。

「教育としていえばそれは対話という方法によって気持ちを子ども自らに吐露させて、気持ちの実態をつかんで行くことなんだとも思います……。／本当に、対話というものを私たちは新しい立場でとらえて自立を保障していくための、うんと底の底の問題として考えてみなければならないのではなかろうかと思います。……／教師と対話することによって安らぎを得る、安らぎというとちょっと語へいがあるかとも思いますが、どれだけか気持ちにゆとりというものを生みだすことができないならば、そこで子どもが自らと対話するという作用を行わなかったならば、本当は対話にはならないと思います。いわばそれが今日でいう生活綴方の具体化なのだと思うわけですが、子どもが自らの気持ちの実態を客観化させてみなければならないのです。自分でいう気持ちとは一体何なのか、『俺の気持ちがわからんじゃないか』という俺の気持ちは何なのかということを自らが綴ることによって明らかにしてみるという、生活綴方の作用というものもまた、極めて大事なことではないのだろうかと思います。／それは実感となっている自分の真実の気持ちとしての内面的真実をありのままの事実として表現する、いわゆる生活綴方ということになるわけですが、それは気持ちの実態を外界とのかかわりにおける生活の事実として再現することで整理し、意識させ、認識させることになるのです。いわば生活に根づいて科学を自らのものとして理解するための主体的な意識というものを子どもに生みだささせることがなかったなら、本当の意味で気持ちは整理されないのです。……自らと対話できない子どもがいるという事態だから、それに対して自らと対話できるその基礎を私たちが対話によって生み出しながら綴方が書ける状況を子どもたちの中に生みださなければならないという問題が、子どもたちを自立させていくための第一の課題だと思います。」（同、326-328頁。傍点引用者）

石田は、内面における自分自身との対話という構造を生み出し、自らの状態の「ありのまま」をなぜそうなるのかという「洞察」に向けて、子ども自身が探求するようになることが、荒れを克服するために不可欠の方法であると考える。それは生活綴方における「自己洞察」の方法そのものである。しかし子どもたちは、自分自身の情動爆発の中で、自分への冷静な分析の視野を持つことができない。なぜそうなるのかの状況認識もまた困難となる。人間として尊重すべき思いが自己の中にあることにも気づけない。だから自分を冷静に見つめ、なぜこういう事態がおきるのかを客観的に綴ることができない。そういう状況において、教師が、抑えきれない子どもの情動や感情を受けとめ、寄り添い、対話を生み出すことを通して、子どもは、自分自身との対話へと歩みでることができる。そして自分を対象化し、自分を見つめ、自分自身を「洞察」する思考へと向かうことができる。

「事実をありのままにみつめたその現実がまことに暗く、つらいものであったなら、これを変革することができるんだという視点がもしなければ、私たちは絶望するしかありません。いま荒れている子どもたちは、この視点を自分のものにできていないのです。だから、ものごとがわからないのです。わからないままに行為する苦しみの叫びを、かれらはあげているのです。」（著作集第三巻、308頁）

このような状況に対して、石田は、教師の責任として次のように呼びかける。

「人間は物事をわかることができるし、みずからを変えることもできます。そしてまた、世界を変えることもできます。こうした哲学的・科学的見地の基礎を、私たちは子どもにあたえなければなりません。」（著作集第三巻、308頁）

「一時間一時間の授業で、自己の最高の能力を発揮して、子どもたちの学習を保障すること――これが子どもたちと一緒にたたかっていく私たち教師の特性的任務です。そのためには、私たちは自分の教育内容について全的な責任を負うことができ、自信をもってすすめることのできる教育内容を、自分たちでつくりあげることからはじめなければなりません。」（同、308頁）

石田は、このような教師の「特性的任務」を学校教育の仕事とし、「子どもたちとの間に信頼関係をつくりだす」ことが、荒れの中での「学校の民主的再生」の基本的な方向（著作集第三巻、310頁）であると提起するのである。八〇年代の「荒れ」の中で石田は、生活綴方の精神と方法をこのような形で展開し、具体化しようとした。

(2)「『否定の否定』を生きる子ども」という子ども把握へ

八〇年代の展開の中で、石田はマルクスの言葉を使いつつ（『資本論』第一巻、大月書店版『マルクス・エンゲルス全集』第23巻a、995頁）「弁証法でいうならば、いわゆる、否定の否定というものを発展させていくのが、八〇年代のもつ本質的な性質だろうと思うわけです」と述べる。

「……子どもたちがその内面につくりだしてきている自らのダメを否定する芽を鋭くとらえ、それぞれを生きるねうちとして子どもに自覚させて、その新しい否定の否定の目で自らの否定の現状をつねに見つめさせていくということが大事だと考えます。それが子ども自らをして貧困を克服し脱却する道をつくりださせることの基本になるのではなかろうかと思うわけです。……／それがためにも、私たち自身が、自分の中にある人間的ダメの中に生じている否定の否定の芽というものを、自ら実感的に自覚するということが、また必要になっているのではなかろうかと思います。」（著作集第四巻、8頁）

この方法は、今まで石田が述べてきた生活綴方の方法そのものの延長にあるとらえ方であると見ることができる。そしてまた、このような表現をすることに、八〇年代に即した意味があると思われる。それは、荒れを含んで、子どもたちが内面の矛盾に苦しみ、自分をつかめなくなり、教師も子どもの内面に人間的信頼を寄せることが困難な状況が生まれている中で、子どもの内的な葛藤の中に「否定の否定の芽」をこそ捉える（子どもの中に「否定の否定の目」を捉えるという場合は、子どもの意識的な視点として「否定の否定」への気づきが生まれていることを捉えることをさす）こと、それを促し、「子どもたちをして自分で否定の否定をつくり出す」構えを生み出すことにおいて、子どもへの信頼を取り戻さなければならないという思いである。それは、子ども自身が自分をつかむ深さを深め、新たな自分を見いだしそれを生きようとする新たな子どもの姿を発見し、そのことによって子どもの人間的真実に触れて共感し、その子どもとともに生きることが教師の喜びともなるという「子どもをつかむ」思想を、この時点において新たに展開させる実践として、どうしても切り拓かなければならないという提起であった。

「教師としての子どもを見る観点を変えなければ、本当に子どもの人間を正しく見ることができないのだと思うわけです。その場合、子どもが発達していく矛盾の実体としての内面の矛盾点においてとらえなければ、子どもの総体というものをとらえることができないのではないかと考えるのです。そういう点から、内面というものが教育の出発点になるし、帰着点になるのではないかと考えるのです。」（著作集第三巻、289頁）

そのためには、日常茶飯事として子どもに裏切られる八〇年代においては、「信頼できないものを信頼する」という「今日の教師が抱えている最大の困難」を、教師の側から切り拓かなければならないとする。

「教師と子どもが信頼し合う場合、まず子どもの側に信頼を要求するというわけにはいきません。どうしても、信頼の鍵は教師の側が作りださなければなりません。子どもはもののことわりがわからないままに行為せねばならないという矛盾の中で苦しみ、傷ついています。その子どもたちより以上にずっと、私たち教師が苦しみ悩むところからしか、信頼しあう鍵を手中におさめることはできないと思います。」（著作集第三巻、305頁）

「じゃ、信頼するには一体どうするか、という問題なんですが、まず自らが信頼できない問題を自分の中ではっきりさせる以外に信頼していく道はないだろうと思います。子どもの側に信頼されるようになれということではないだろうと思います。自分の中からなぜ信頼できないのかということを自分の中でえぐりだしていかなければならないだろうという問題だと思うのです。……／そういう点では、信頼できるかどうかの鍵は、教師の側にしかないわけで、子どもの側に、信頼の鍵を委ねるわけには参りません。……／私たちは最も奥深いところから信頼をとりもどすことが何より大事だと考えるわけです。そして、結局のところ、信頼の鍵は何かといえば、『内面を理解する』ということ以外にないという問題だろうと思います。……／子どもたちの内面の真実としての生活実感を知ることは、また子どもたちが私たち同様に、『人間として苦しんでいる』ということを理解することなのだし、私たちが子どもと同じ共感を持ち得ることなのだと思うわけです。……／私たちが子どもを信頼しないとしたら、それは支配のわなにはまっているのだというふうに捉えてみなければならないと思います。……／信頼することは大変困難だと思います。けれど実は信頼することが今たたかいなのです。」（著作集第四巻、21–22頁）

教師が子どもの内面に「人間的真実をみたとき」、「私たちは彼らを人間として信頼することができ、すべての子どもを発達させるという立場をとることができる」（著作集第三巻、306頁）

というのである。そのような視点を八〇年代における生活綴方の精神の具体化として、子どもをつかむ思想の展開として獲得しなければならないと石田は教師たちに呼びかけ続けた。

この「否定の否定」というぎりぎりの時点で、石田は教育実践の可能性を追求する。子どものなかに方針を作るということは、子どもが自らの否定を見つめ、それをこえる自己を探求することを意味する。子どもの人間的真実をつかむということは、その否定に対する葛藤を見つめさせ、その否定の否定に向かう人間的真実の探求に子どもと教師が共同して挑戦する営みを意味する。荒れの中で、信頼できない子どもを信頼するという立場もここから導き出される。

しかし考えてみればその方法論は、私たち大人が、自らの生き方を困難な現状に対して切り拓く方法そのものに外ならない。自らを否定の事態に貶める事態に対して、その否定を否定する主体性を如何に切り拓くか、その人間の主体形成の弁証法を、大人も子どもも身につけない限り、主体的に生きることはできない。その根底の弁証法を人間成長の方法論として、教師自身が自覚的に捉えること、それを教育の方法論へと展開すること、「子どもをつかむ」方法として教師の力量へと摂取することが求められている。その方法を切り拓くとき、教師の子どもを信頼する姿勢、裏切られても信頼するという姿勢は、あたらな子どもとの共同、子どもの人間的真実の発見による心からの子どもへの信頼と子どもとの共闘、あの「教育実感」の実現として結晶するだろう。教育という仕事は、そこを断念してはならない仕事なのである。その原点から、石田は絶えず、「子どもをつかむ」ことを訴え、また自らその課題に挑戦し続ける。

7　表現の教育の意味――「表現の教育学」の展開

生活綴方は、書くことを通して自己の生活を意識化し、自らの人間的真実の実現という文脈において生活を再構成し、意識的な生き方に向けて、生活を主体性に再構築させようとする教育である。自己の生活の客観的な対象化を経て、自らの人間的真実の拡大、切り拓きの方向で「生き方」を再構成に向かわせる教育の方法である。そこでは表現の力が実現されている。

石田は、教育実践が困難に直面した時に、絶えず新たな表現を取り戻すことによって新しい教育実践を切り拓こうとした。そのために、生活綴方はもちろんのことであるが、学級通信、川柳、新聞作り、版画など、多様な表現に、絶えず挑戦している。では、いったい表現とは何か、あらためて考えてみよう。

人は、また子どもも、何らかの表現によって他者との関係を形成していく。しかしその表現が抑圧され、自由が奪われるとき、子どもたちは心を共にして生きる他者を奪われ、自分の思いや願いに依拠して生きる見通しを奪われ、孤立の中に投げ出される。そして表現することを恐れ、自由に考えることすら困難な状態に追いやられる。それは主体性の剥奪を意味する。だから自由な表現の回復（奪回）は、人間回復の基本方法となる。生活綴方教育はそのような表現が持つ人間の主体性と自由を回復する機能をもっとも意識的に展開させようとした教育の方法である。そしてそのことを土台にして、表現は次のような機能を展開させる。

第一に、表現は、自分の認識を意識化し組み変える方法となる。自分の考えや認識を表現してみることでそれは意識化され、その自分の思考や認識を自分で対象化し、変革の対象として設定することができる。間違いもまた、表現することによって対象化し、それを克服することができるようになる。言語化することによって自己の思考を対象化し、学習の場に据えることができるのである。石田は「生活綴方というのは内面における真実性としての生活実感を客観化する作業」であると捉え、そのことによって、「生活実感」は学習の場にもちこまれ、その学習によって磨き上げられるべき対象として据えられるのである。さらにまた、生活実感は、対象に据えられると同時に、そこにこそ子どもの内面の真実が、人格に統一された形で、主体性・自主性の芽として内在していると捉えるのである。これらの点で、表現は自己自身を客観的に対象化して把握し、自己自身の再構成を可能にする方法となる。

第二に、共に学習する空間においては、表現は共同学習に参加していくもっとも直接的な方法となる。表現によって共同的な学びが成立する。一人ひとりが考える主体としてその表現が励まされ尊重される関係性の中で、共同的な学びが発展する。また、他者への応答責任を背負う空間でのコミュニケーション（表現）により、自分の思考を客観化し、科学性や説得性を高めることができる。さらに表現は、教科の真理探究の方法的規範を組み込んだ公共的論争空間を生み出し、そこに、人間的真実と科学的真実に依拠して合意をつくり出し、高め合う共同の場を作り出す。

第三に、表現は、習得した知識や科学の成果を自分の中で使いこなし、応用し、新しい思考や価値を生みだしていく過程である。すなわち創造の方法であり過程でもある。したがって表現は、それ自体として創造物、作品を結晶する。その表現と表現物は、摂取された外的なものと内的なもの、内面の人間的真実との統一体として、新たな自己の創造として展開する。石田はその過程について、「生活認識の深さというものこそ『あらゆる知識を自分のなかでつくりかえ』といわれる、その意識の内容」となり、「子どもたちが本心としての生活の事実をありのままに見つめ客観化するということは、いまの情勢を子ども自らの意識の中で切り開いていく仕事になる」と把握する。表現は世界を意識の中で再構成することであり、知識や科学を働かせる過程であり、新しい意味と価値をもった生活の勇気ある探求と創造の過程となる。その結果としての表現物（作品、生き方）は「生きる力」として獲得された学力の結晶体としての性格を持ち、それ自体が他者と社会に働きかける力をもつ。

第四に、表現は参加の方法となる。表現は自由な意志で生きようとする一人ひとりの思いを交流させ、他者と共に生きる世界を作り出す。表現は、新しく創造された自分を、他者との関係の中に投げ入れることによる関係の作り直しであり、参加の過程となる。表現はその意味において、共同の生き方を創造し、自分たちの生きる空間としての生活世界（社会）を再創造（変革）する。それは学力を「生きる力」として展開させる方法となる。

生活綴方の営みの中でこのような機能を持つものと捉えられた表現は、しかし一方で、矮小化され、一面化され、「戦略化」される圧力の中に置かれている。いかなる表現を行うか自体が、厳しい対抗の中にある。だからいま、たたかいとしてしか、真の表現に近づくことはできない。表現は、まさにそのような人間的なもの、人間的真実を引き出し、人間的な主体性と新たな価値の源泉としての自己自身を意識化する自己回復の営みとして、引きだされるべきものとなっている。

恵那の教育、石田の教育方法論は、常にこの「表現」を土台に据えたものであった。真の表現の回復の中に、子どもの人間的真実が意識化され、子どもの人格の全体が新たに創り出されていく。教師はそういう子どもの自己創造を介して、子どもをつかむ。「子どもをつかむ」思想と方法は、「表現」による教育の思想と方法と一体のものであるといってよい。

「表現による教育」――表現を取り戻し、その質を高め、自己の主体性と生き方、人格の再構成という自己形成の過程を子どもの中に起動させ、子どもを生きる主体へと成長させていく働きかけとしての教育学と教育実践、その全過程を表現の質を高めることとして一貫して探求する教育実践の方法論――は、現代においてこそ、新たに切り拓かれるべき課題となっている。恵那における表現の教育が、そういう視点と教育学意識に貫かれていたがゆえに、それは現代の教育学の焦点につきささる歴史的経験、豊かな蓄積として存在しているということができる。

おわりに

石田の教育学認識と教育方法論においては、生活綴方の精神、そして子どもをつかむ思想が、二つの柱となっている。いや、その両方をあわせて、生活綴方の精神といっても良いかもしれない。それは、五〇年代の生活綴方教育実践の「教育実感」に支えられつつ、六〇年代の教育運動と教育実践が抱えた問題を克服する力として働き、七〇年代の生活綴方教育の復興を導き、七〇―八〇年代の資本主義社会が高度に展開する社会的土壌において生みだされる新たな教育課題に挑戦するものとなった。その意味で、恵那の七〇年代の生活綴方教育実践と教育運動、その教育学的把握への挑戦としての石田和男の生活綴方教育論は、現代学校における生活綴方教育の可能性に挑戦するものとなり、新たな教育学認識を切り拓くものとなった。

そのような展開を可能としたものは、第一に、この地の生活綴方教育運動・実践が、すぐれた実践家グループの長期にわたる非常に意識的な理論研究のイニシャティブを得て展開され、さらにまた学校集団的な実践によって理論が点検されるという、理論と実践との非常に意識的な相互交渉の中で、長期にわたって発展的に探究された、という点にある。

第二に、綴方の教育実践が、個人ではなく、地域の教育に責任を負うという実質をもった地域の多数の教師の集団的実践として展開し、したがって、公教育として地域に受け入れられるかどうかという常に緊張に満ちた関係性の中で問われ、その中で説明責任を負いつつ実践と理論が点検され、その応答責任を担う中で発展していったという点である。

第三に、恵那の教育運動は、絶えず全国的な視野と交流を持ち、生活綴方の教育の日本における展開とその総括に絶えず緊張を持った関係を維持しつつ、論争を含んで展開していったことによる。特に七〇年代の恵那の教育実践と運動は、全国的にも大きな注目を集め、日本の教育運動に大きな影響を持ち、全国の側からも多様な視点から吟味されるという機会をもつこととなった。

第四に、実は、一九七〇―八〇年代という時代が、一九四〇―五〇年代とは大きく状況が変化し、人間の成長と認識の形成、人間の主体形成の大きな困難、その方法の新たな探求の課題が提起された時代であったという点に関わっている。その中で、科学の学習の方法が人間の主体形成との間に大きな矛盾を引き起こし、その克服のために、科学の学習についての批判的転換が切実に求められるという時代的要請を、正面からこの生活綴方の教育実践が受け止めようと苦闘する状況があった。そのことが、七〇―八〇年代のいわばポスト・モダン状況における新たな教育方法と教育学認識の探求において、生活綴方のもつ新たな可能性を引き出す時代的条件となった。

現代の教育における主体形成は、教師の働きかけと子どもの主体性の形成の弁証法、人間的本質の歴史的矛盾の深化を新たな人間性の展開へと組み替えていく歴史的主体形成の弁証法を必要とする。そしてその弁証法は、教育実践における方法へと具体化されていかなければならない。この『石田和男教育著作集』を読み返しつつ、石田の理論的苦闘は、まさにそのような弁証法についての意識的把握の格闘として展開されたものであるとの感想を強めた。なお、次章で検討することであるが、この恵那の生活綴方教育実践に深く結びついて、長期にわたって「生活綴方の理論」と「学力と人格の理論」を探究し続けてきた坂元忠芳の理論研究が、この石田と恵那の探究と不可分の共同関係にあり、その長期にわたる共同が、両者の豊かな理論と実践の展開を生み出してきた大きな要因であったことを、最後に付け加えておきたい。

[注]

（注1）ヴィゴツキー著、柴田義松訳『新訳版 思考と言語』新読書社、二〇〇一年、第四章「思考と言葉の派生的根源」参照。

（注2）土井隆義『「個性」を煽られる子どもたち』岩波ブックレット、二〇〇四年。

（注3）森田洋司・清永賢二共著『いじめ　教室の病い（新訂版）』金子書房、一九九四年。

（注4）ユルゲン・ハーバーマス著、藤沢賢一郎他訳『コミュニケイション的行為の理論』（上、中、下）、未来社、一九八六年。

（注5）『生活綴方：恵那の子　別巻2「丹羽徳子の生活綴方教育　明日に向かって（上）」』草土文化、一九八二年。

第六章　坂元忠芳の教育学の展開と恵那の教育実践

石田和男と恵那の教育運動と坂元忠芳の教育学との関係は、相互に刺激し合い、つながり、発展し合っていった。恵那の教育実践や教育方法、教育の思想は、坂元の教育学を刺激し、その展開に課題をあたえ、その創造的展開を支え、またそれを検証するものともなった。またそのことを介して、坂元の教育学は、恵那の教育実践や教育方法、教育の思想を日本の民主教育の方法や思想と交わらせ、豊かにしていく媒介役を果たした。

二一世紀の今日から振り返ってみれば、戦後の民主教育学には、教育に関する価値的方法を統合すれば、そこに進歩的・変革的な教育実践が展開するという、ある種の楽観論が伴っていた面があるように思われる。それは、中心的には、科学的な教育内容、子どもの発達論、教師の専門性、教育をめぐる権利論というような視点を核として構成されていた。教育と科学の結合、発達論の解明に沿った子どものための教育、教師が専門的自由に依拠してこれらの内容に従う教育を統合し、そこに生み出される教育的価値の自律的な世界が、国民の教育の自由として、政治権力からの自由の下で展開し、子どもの権利が実現されていくという見通しといってもよい。

しかし七〇年代後半に入ると、これらの教育的価値であるはずのものが、現実には反価値として機能するかに見える事態が展開する。学習が受験学力競争という性格を強く持ち、子どもの世界にはいじめが蔓延する。不登校に見られるように学校が教育的病理の場となっていく。教師の専門性もその自由な発展が抑圧され、教師による管理主義も強まる。教育的価値を結び合わせて子どもの権利を実現しようとしたはずの学校が、その反対物に転化するかに見える事態が展開していった。いわゆるポスト・モダンの理論は、そのような「反転」する事態を背景に、戦後教育学が構築してきた教育的価値概念であるはずのものを、戦後教育学の近代主義的な弱点として批判するような状況も生まれた。おそらくそれは、恵那が徹底してこだわろうとした「子どもをつかむ」ことに結びついた、学ぶ主体の理論・変革主体の形成の理論に関係した困難であったと思われる。

そういう事態に対して坂元は、ヨーロッパのマルクス主義とそれへの批判の論争を広く視野におき、ポストモダンの社会変化を対象化しうる教育学理論の構築をめざそうとした。その際、坂元は、岐阜県・恵那地域の教育実践や教育運動、その中心にいた石田和男らの理論探究活動がそのような課題意識をもったものであると考え、自己の理論探究を支え検証する実践ととらえた。その結果、坂元の教育学研究の苦闘――学力論、生活綴方論、物象化論、情動と感情の教育学、危機の教育学、自己造形（変革主体形成）の教育学を構築していく苦闘――は、恵那の教育運動と教育実践の苦闘と深く結合したものとなり、坂元の理論は、恵那の教育運動と教育実践の創造性に深く支えられたものとなった。

同時に坂元は、一九七〇‐八〇年代の教科研の教育学研究の中心的な担い手のひとりとして、この時期の教科研の研究運動に大きな役割をはたした。それは、大田堯、堀尾輝久、山住正己、藤岡貞彦らを中心とする共同のイニシャティブであったが、その分担分野からすれば、坂元の提起は、発達論、学力論、人格論、生活綴方教育論というような面において大きな役割を果たした。その点で、坂元の理論の展開過程をたどることは、これらの理論分野で七〇年代の教科研の理論展開が、恵那の教育実践や教育運動とどのような関係にあったのかを明確にするだろう。

私自身は、今まで述べてきたように、恵那の戦後の教育実践と教育運動の展開を戦後の民主的教育運動の大きな流れの一環として把握しつつも、教育学認識と教育運動観については、その中心的な流れに対する一定の批判意識を含んだもう一つの戦後教育史とでもいいうる質をもったものとして把握できるのではないかと考えている。七〇〜八〇年代の教科研の教育学を切り拓こうと苦闘してきた坂元の仕事をあらためて恵那の実践と運動との関連の中に位置づけてみることは、戦後教育学に対する恵那の教育実践や運動の影響を考える上で、意味あるものとなるのではないかと思う。

結論を先取りしていえば、教科研の教育学の中で、坂元が最も早く、資本の巨大な力が商品化、物象化という機能を社会に組み込みつつ、人びとの意識や感情をも改造するようになるまさにポスト・モダン、後期近代における社会と人間の変化のもとでの教育学の構築に挑戦しようとしたこと、そして恵那の教育実践が坂元の理論を検証するものとして存在していたことは、戦後教育学研究における先駆的な事象として、とらえ直されて良いのではないか。

補足として述べておくが、坂元の恵那への関与と関心は、単に個別の教育学研究のテーマにおいての関心と関与ではなかった。それは、日本の教育運動と教育学研究をいかにして展開するかという問題関心の、石田と坂元によるある種の「協同」を伴ったものであった。例えば、地域民主教育研究交流集会の立ち上げは、この二人のイニシャティブによるものであった。

しかし石田は、坂元の論文をほとんど直接には引用しては来なかった。いや石田は、日本の教育学者の論文や概念を引用しながら自らの理論を組み立てるという展開をほとんどしなかった（ごくわずかな例外は、クループスカヤ、レーニン、ポール・ドラヌーを、また時には大田堯を幾度か引用している程度である）。時間的な関連から見れば、恵那・石田の議論の中で問題にされてきたことに坂元が関心を持ち展開するというような時間的関係が主だということもできる。もちろん二人の間には、しばしば議論や交流があり、相互に刺激されつつそれぞれが展開していったと思われる。しかし石田は、あくまで恵那の教師集団の議論の中で、一つひとつの教育学についての思考を直面する課題に即して吟味し、言葉を選び、自らの言葉（自分たちの言葉）で表現しようとした。そこから見えてくるのは、石田の、徹底して「地域」の教育実践と教育運動に根ざした理論の創造性、独創性と主体性にこだわった姿勢であり、同時に石田と坂元の相互信頼に立った理論探究への深い共同の姿であろう。

本章では、①生活綴方の把握、②学力の把握、③物象化論と「情動と感情の教育学」に即して、坂元の理論探究と恵那・石田和男の実践と運動の探究との不可分の関係を見ていきたい。ただ本章は、あくまでも恵那の教育実践と教育運動にとっての坂元の教育学研究の意味を明らかにすることが中心であって、坂元の教育学研究の展開の論理そのものを追うことを課題としたものではないことを最初にお断りしておく。

1　生活綴方の把握をめぐって

(1) 坂元論文「生活綴方教育の今日的意義」の批判

恵那は六〇年代半ばにおいて、恵那教科研の科学主義・教科主義への批判を展開した。そして「地肌の教育」(一九六六年〜)において、多様な表現の組織化に挑戦した。さらに西小学校において、「書き言葉によって生活を綴る」ことによる教育へと新たな飛躍を達成していった。この三段階の飛躍を経て、恵那は、戦後のこの地域における第二次生活綴方教育の復興を切り拓いていった。その土台には、先に検討してきたように一九六二年のいわゆる日本作文の会の「方針転換」に対する批判があった。坂元はその動きを視野におきつつ、恵那があくまで、書き綴ることの独自の意味を明らかにしようとし、その延長に生活綴方教育の復興に挑戦しようとしている事態に即して、生活綴方の意味を探究しようとした。

坂元の「生活綴方教育の今日的意義——生活綴方教育と集団主義教育」（『教育』一九七〇年二月号。引用は坂元『子どもの発達と生活綴方』青木教育叢書、一九七八年より）は、恵那における生活綴方教育再興への新たな挑戦の最中（一七九〇年）に書かれたものであった。この時、石田は、七〇年度の西小学校の方針に、「特別研究」として生活綴方教育を「全校的に組織的な実践・研究」として展開する教育研究計画（著作集第三巻、8頁）を提起する。

坂元はこの論文で、日本作文の会のいわゆる「62年方針」をめぐる論争を読み解きつつ、その論争のなかで、何よりも生活綴方が「行動と認識を結合させる」役割において、「『表現を組織する』という点で固有の領域を主張する」ものであることが見落とされていったことを批判しようとした。

「62年方針」は、「これまで生活綴方の仕事と結びつけて追求してきた多くの分野——たとえば、『学習集団づくり』『学校集団づくり』や教科教育における教授法的探究など——を、『全生研』や各教科の研究団体など、他の専門分野の団体で『分担』し、それによって、これまで生活綴方にかかりすぎていた『重荷』をおろし、その中心的任務を、主として『国語科における文章表現指導』に位置づけることになった」（同78頁）。これに対して坂元は、日作の「62年方針」が、「生活綴方が生活表現の組織化をとおして、子どもの『意識づくり』に対して果たしてきた重い役割を、生活綴方の本質的過程」として把握することができなかったが故に、「綴方による生活表現が、子どもの人格形成のなかではたす役割は、もっぱら国語科における文章表現のなかで一般的に位置づけられているだけであり、他方、子どもの『生活上の問題』は、子どもの綴方作品のなかにあらわれた、またはそれをつうじて知った『日常卑近な子どもたちの生活問題』の指導に矮小化されている」（85頁）こと、同時に、「こうした理論的不明確さは生活綴方を訓練論のなかに位置づけようとする人々の間にもあり、この問題は現在もなお十分な解明を見ていないと思われる。」（92頁）と批判した。[注1] この後者については以下のように展開していた。

「一例を挙げれば、六二年の段階で、生活綴方を『一方では集団づくりへ、他方では、教授学習過程におけるセンス・リアリズムとして分化的に発展させられるべきである』（傍点は坂元）とした竹内常一氏の見解である。ここでは生活綴方を訓練論としては集団主義教育へ、教授論としては各教科をつらぬくリアリズムと分化して研究すべきであるという別の『分担』論が率直に出されている。しかし、この見解は、研究の分化ということで生活訓練としての生活表現形態の指導を、集団主義教育のなかへ『解消』することになっていると言わねばならない」（92頁）。／「問題は、生活綴方教育を訓練論のなかに位置づけることを前提としても、なおかつそれを集団主義教育のなかに、『脱皮』させたり『発展』させたりすることが、はたして事実として可能なのか、ということである。結論的に言えば、生活綴方は、行動の組織を何よりも目指す集団主義教育に対して、媒介（行動と認識を結合させる）の役割を果たしながら、やはり『表現を組織する』という点で、固有の領域を主張するのではないかと思われる」（同91頁）

この坂元の批判の意図は、当時における日作の方針転換とそれへの批判、全生研の側からの批判の交錯のなかで、それらを整理しつつ、生活綴方教育がもつその固有の方法的な役割――文章表現指導をとおした生活の再組織化の方法――を救い出し、教育実践のなかに不可欠なものとして位置づけることにあった。坂元のこの論文は、恵那における、表現を組織する固有の方法を回復しようとする生活綴方教育の復興を理論的に根拠づけるものであった。

（2）生活綴方の方法と学力・人格論との関係

このような生活綴方の固有の方法に注目し、恵那の生活綴方教育による生き方の意識的形成を促す取組みに依拠して、坂元は、学力論を入口として、教育学研究の新しい展開に挑戦していく。その方向性は次のようなものであった。

「生活綴方のリアリズムは、子どもの、喜び、悩み、悲しみ、苦しみなど、内面のありのままを、それを必然的に引き起こした客観的状況との関連で、追求する方向性を持つものである。生活綴方が生活を綴ることをとおして、書き手の人間形成に対してもつ決定的な意味は、書き手が自己の内面の真実（本音）を客観的な人間関係のなかで明らかにし、そのなかで、自己の生きる目的や動機の体系、いってみれば、人格の中軸の形成への意識、自己意識を次第に育てていくことにある。」（『子どもの発達と生活綴方』（青木教育叢書、一九七八年、8頁、傍点引用者）

「子どもの生活と生活実感の疎外・抽象化の進行は、子どもに、生活の矛盾を見えなくさせ、子どもが生活実感を対象化することをさまたげている。多くの子どもは本音でなく、もっぱらたてまえで生きるようにさせられており、さらに、本音そのものの人間的な意味を見失い、本音そのものをもわからなくさせられている。……今日の子どもの、社会への対応は、あらゆる生活の自主性がうばわれる仕方で、資本主義社会の支配的な論理の日常化に対して、子ども自身があらゆる場所で対応せざるをえないという形であらわれている。／今日の生活綴方は、この様な社会への対応をリアルに綴ることをとおして、生活の支配の論理をしだいに明らかにし、さらに、そのなかで、子ども自身の生きる力と生きる意欲の回復、生きる方向を明らかにしなければならない。それは明らかに新しい質のリアリズムを求めている。生活綴方のリアリズムが、巨大な現代社会の機構を捉える社会科学の論理と結びつかなければならないのは当然である。」（同、9頁、傍点引用者）

ここには、人格の核心にある「目的や動機の体系」をとらえること、それを「生きる力と生きる意欲」へと高めること、それらを学力のあり方に不可欠な構造として位置づける理論の構築へ進まなければならないという構えが示されている。これらの視点は、その後の坂元の学力論において、人格と学力のつながり、そして科学の修得に対する人格の側からの「動機や目的の意識」の働きかけによる「生きる力」への統合の論理として探究されていくこととなる。それは、恵那で探究された生活綴方の精神に依拠した学力探究に重なるものといって良いと思われる。

2　生活綴方の精神に立つ学力論の展開

（1）「生きる力」の把握をめぐって

坂元は、「私は……論文『「分かることと生きること」を結びつける』のなかで、『生きる』ことと『分かる』ことの統一の問題は、子どもの自覚的な生き方の発達の問題にほかならないという意味のことを書いた。それは、ことばをかえていえば、子どものなかに生きる目的をどう徐々に自覚させていくか、という問題に他ならなかった。」（『子どもとともに生きる教育実践』国土新書、一九八〇年、35頁）と述べている。この論文は、坂元の学力研究における明確な転換点となった。それは次のように展開する（以下の頁は『教育』一九七六年一月号の頁）。

「子どもの成長・発達における危機は、現在子どもが発達の水準毎に真の意味での意識的な活動を送っていないことに表れている」。「子どもは、彼が取り結ぶさまざまな社会的諸関係のなかでおこなうさまざまな活動を、自分の意識の中で統一し、一貫させること——自分の生活を自主的に送るという立場で——をさまたげられている」（9頁）。「だとすれば、私たちは、子どもの人間関係と活動ばかりではなく、その活動が子どもの内的世界へと屈折し、反映する意識のレベルにまで降りて、その内的矛盾をつかまなければならないと思う。民主教育の理論は、危機の深化のなかで、子どもの内的世界、子どもの内面の問題を、対象に据えなければならないと思うのである」。「『わかる』というのは、つまるところ、子どもが内なる世界を通して外なる世界をとらえ（認識）、それに対して発達の水準にふさわしい内面（たんなる情動的なものから感情的・意志的また道徳的なものまで）を結びつけていくことであると思う」（10頁）。「……『わかる』ことは、つまり、発達のそれぞれの水準において、『生き方がわかる』ということに他ならない……」。「この小論を『「生きる」ことと「わかる」ことを結びつける』という表題ではじめているのも、今日の子どもに何よりも『生きる』ことを意識化させること、子どもの生活を意識的な生活でいっぱいに満たすことこそが未曾有の危機のなかでの民主教育の第一義的な任務だと考えるからであり、それは、とりもなおさず、発達論としての『生き方がわかる』ことの追求なのだということを強調したいからである。だからこの見方からすると……、大会テーマ（教科研大会のテーマのことを指す―引用者注）の「『分かる』ことを『生きる力』に結びつけ る」は、「『生きる』ことと『わかる』ことを結びつけ、子ども・青年の『生き方』を明らかにする」という大きな課題意識のなかにもういちどすえなおさなければならないのだと思う」（11頁）

この論文は、石田の提起「わかる学習という問題は、子どもが人間として自由になっている、教育が教育になりえる差し迫った一番基本的な条件である。その点を抜いたら、自発性ということには成りようがない。だから学習がわからないという状態は、本当の意味で自発的な人間を作らないという問題、わかる学習ということは自発性をどう引き出すかという問題、本当の人格というものを生み出し、本当の自発性を生みだし、自由というものを人間に獲得させようとすれば、その内容として、わかるということがなかったら人間に成りえない。」（著作集第三巻、91頁）に触発されつつ、その後の坂元の教育学研究を新たに見すえるものであった。坂元自身、「この論文には、恵那地域の綴方運動の新しい高揚が反映されており、それが生活綴方の本質についての私の考えを進めるきっかけとなった」（『子どもの発達と生活綴方』一九八七年、青木教育叢書、276頁）と述べていた。

坂元は、「私なりにいえば、『「生き方」の構成』とは、子どもの生活を組織するなかで、子どもの内面に値打ちのある動機-目的の体系を次第に作り上げていくことである。そして動機-目的の体系こそ、人格の核心である。生活綴方における『生き方』の発達論とは、綴方の表現の発達の筋道を探究することによって、このような動機-目的の体系の内面的形成のすじみちを明らかにすることである。」（同、159頁、傍点引用者）と把握しつつ、学力と人格の結合の在り方、「その活動が子どもの内的世界へと屈折し、反映する意識のレベルにまで降りて、その内的矛盾をつかま」える研究、認識の獲得を「発達の水準にふさわしい内面（たんなる情動的なものから感情的・意志的また道徳的なものまで）を結びつけて」捉える人格の構造の把握に向かうのである。それは、恵那の生活綴方教育の提起する学力と人格についての理念を学力論に組み込んで展開しようとするものであった。

（2）坂元学力論の展開へ

そのような坂元の学力論の基本的な構造の提起に対して、強力な批判が展開された。そこで生みだされた論争が〈坂元忠芳 vs. 鈴木秀一・藤岡信勝学力論争〉であった（以下、藤岡の主張に焦点を置くという意味で、ここでは一方の主張を藤岡理論と表記する）。

藤岡の主張は、「文化の系統的な編成としての教育内容の展開がそのまま、内的なものとなるという考え」、「能力と文化の構造を結局は同じものとする主張」（坂元による藤岡理論の性格規定『子どもの能力と学力』青木教育叢書、170頁）に立って、坂元が、人格の核心において形成される「動機–目的の体系」と、修得される科学の体系（教育内容）との相互の働きかけ合いを経て形成されるものとして学力を把握し、学力は、単に知識や科学の獲得物であるに留まらず、その獲得と結びついた認識能力や人格の中の「動機–目的の体系」や世界への構え（態度）の変容と深く結びついたものであるとすることを「態度主義」として批判するものであった。

ここでは、その論争自体を紹介することが目的ではない。そうではなしに、坂元の学力論が、恵那・石田等の生活綴方教育実践が捉えて実現しようとした「生活綴方における『生き方の発達論』」を受けて、「動機–目的の体系の内面的形成のすじみちを明らかにすること」を含んで、当時の学力論の焦眉の課題ととらえ、その課題に応える理論を提起することにこそその目的を置いたものであったという点である。もちろんそれは、一九六〇年代の教科研に顕著に見られた科学主義的な「科学と教育の結合」論に立った学力理論への強い批判を意図したものであった。その点では、藤岡理論は、かなり機械的かつ科学主義的な「科学と教育の結合」の論理に立った学力論の再論であったと見なすことができる。

その坂元の理論的挑戦は、勝田の学力規定を如何に引き継ぐかという点での新たな苦闘でもあった。その坂元の苦闘なくしては、勝田の学力論を如何に継承するかについての教科研の中での新しい了解を形成し、七〇年代の教科研の学力論を「人格と学力」の結びつきの研究へと発展・展開させていくことはできなかったと思われる。科学と教育の結合論の立場からの当時の勝田の学力論の継承は、かなり勝田の学力規定の「計測可能性」という視点に拘束されたものに止まり、「広義の学力規定を前提としながら、同時に狭義の学力規定を明確にするような理論と実践を積み上げていくこと」を目指す坂元の視点（同147頁）を明確には提示し得ていなかったと思われるからである。

（3）中内学力論との論争

坂元が展開した中内敏大の学力論への批判は、その論文が公開されてこなかったためにあまり知られていない。しかしその展開は、坂元の学力論への「態度主義」批判とかかわる重要なものであった。坂元の教育学の位置を捉えるためには、中内学力論との対比が重要になる。そのことは、中内学力論批判を展開した「危機の時代における学力論の問題（未定稿二〇一一年、約七万字、未公開）を読むとき、明確になる。

なぜ坂元は中内理論を批判するのか

周知のように、坂元‐藤岡・鈴木学力論争において、坂元は学力における「態度主義」論者として批判されることとなった。そしてこの論争に関わって、中内もまた坂元の議論を「学力と人格の二元論的把握」、「態度論者」（『中内敏夫著作集1「教室」をひらく――新教育原論』藤原書店、一九九八年）と批判していた。

中内は、あくまで教育を「制作」（「制作」としての教育においては、意図された達成目標に向けて、子どもの発達を実現する計画的行為として教育の営みが把握され、子どもに実現される成果は、教育プログラムの所産ととらえられる。）の視点に純化させて把握し、方向性（評価における方向目標に対応）もまた知の習熟段階における結果として表れるとし、態度をいわば組織された知の「心内化」の高次の段階で現れてくるもの（その文脈からすれば、態度もまた意図された目標として方向づけ可能なものととらえられる傾向が強まる—佐貫注）と把握した。そして坂元のように、子どもの認識にかかわる構えや態度を、その学力（認識や技）の獲得において不可欠かつ大きな影響を及ぼすものとして捉える学力論を、「二元論」「態度主義」として批判した。そして学力をあくまで教えられた結果（taught-outcome）と把握し、学びとられた結果（learned-outcome）として把握することを排除した。中内教育学はその基本においてはむしろ社会的形成を土台にしたものであったはずであるが、教育に関しては、勝田の「計測可能」「分かち伝え可能」な知を教えることに限定し、加えて「制作」によって教えられた知の「心内化」として形成されるある種の態度をも、教育の計画で方向づけが可能なものとして位置づけようと試みた。それは、六〇年代の教科研の「科学と教育の結合論」の堅い理論構造と共通する側面を伴っていたとみることもできる。その結果、中内学力論は、ある意味で大きな矛盾、アポリアを抱えることとなった（同、『中内敏夫著作集1』原論Ⅰ第二章目標論、原論Ⅲ第二章指導課程論、参照）。

人格と学力の関連を問い、それが学力の性格に深く関わるとする坂元の学力論は、したがって中内学力論批判を不可欠とせざるを得なかった。それは以下のような理由によるだろう。

①教育は子どもの「形成」の結果としての人格に働きかける性格を持たざるを得ないにもかかわらず、中内は「形成」とは関わることのない純粋な「制作」として教育を把握することで、それまでに子どもが自らの生活経験をも介して獲得してきた認識や態度、価値の意識との統合、葛藤、対抗という性格を、教育という営みの場面からは切り離すこととなった。その結果、中内は、学力と人格との結合という今日の学力論の中心的な課題の検討を態度主義、二元論として学校教育実践の過程からはしりぞけるものとなった。

②中内論は、いわば純化された「科学と教育の結合」論としての側面があり、知（科学）の習熟の側――知の「心内化」という把握――から態度が出てくるとする。しかしはたして、態度までもが「制作」としてコントロールされるということになるのだろうか。知、科学自体の批判的吟味、対象化、その主体的摂取、すなわち学力の個性的で主体的な構築の契機を、子どものなかに獲得されている目的意識や価値意識、課題意識――ある種の学習に対する人格の構えや態度――と学習される知や教育内容との交渉と結合において捉えるという視点を重視するためには、中内の理論の批判が不可欠となる。教育と形成（の成果）とは教育の過程においても交渉しあうと言うべきではないのか。

③中内論は結果として教育における参加論を閉ざすことになった。参加は意識的な社会への働

きかけを介した主体的自己形成への能動的挑戦を意味する。その参加過程で獲得される目的意識や課題意識、様々な形成作用の結果は、「制作」としての教育過程に作用し、ある意味で「制作」をも超える。自治、能動的権利主体としての活動、そして生活意識を書くことによって意識化し、学習過程に作用させようとする生活綴方の取組みなどが、教育を「制作」に限定する中内学力論では積極的に位置付かなくなる。その点では、ポスト・モダンを意識して「物象化」と「脱物象化」という教育学の方法を検討しようとする坂元からすれば、中内学力論は、真にポスト・モダンの社会を対象化する理論の構造を欠くものと見えたのではないか。

④恵那の生活綴方教育をどう位置づけるかにかかわって、中内の生活綴方把握への批判が含まれている。中内は、生活綴方をある面では「制作」として捉えることで、「到達度評価・目標運動を、生活綴方運動の六〇年以後の段階におけるもっとも正系の嫡子とみる」（中内「『学力』論争の回顧と展望」『教育』一九八二年二月号）と規定した。しかし生活綴方は、決してそのような文脈に位置づくものではなかったのではないか。坂元は次のように批判する。

「さきのような日作の方針に反対した恵那では、子どもの生活形成に対する自主性と自由を尊重し、そのうえで、生活表現を重要視したので、その思想を『生活綴方の精神』という形で表現し、生活綴方を書かせるのは、生活の意識的・自覚的展開の重要な軸だとしながらも、それを学校の教科や生活指導というような領域に限定することなく、地域における『共に育つ』というような『形成』の運動のなかに、全体として位置づけたのである。…したがって、生活綴方の表現は、そのような運動のなかの重要な精神的『中心』であると自覚されても、生活綴方の『制作』行為だけに生活綴方（の精神）という名を付すことをしなかったのである。」（坂元論文、27頁）

補足すれば、恵那の七〇年代の教育実践の展開は、中内も関与した到達度評価の教育運動に対する意識的な批判と反省を伴ったものであった（著作集第2巻、論文20参照）。

これらの文脈から言えることは、人格と学力の関係性を学力そのものの性格にかかわるものとして組み入れた坂元の学力論は、恵那の教育実践や教育学意識と深く結びつきつつ、その核心を取り出すためにも、教科研の六〇年代の科学主義的傾向、藤岡信勝の学力論、さらには中内の学力論への批判を不可欠としたということができるだろう（なお坂元が、中内の学力論への批判を体系的な論文として書いたのは、前出の二〇一一年の未定稿であった）。

3　物象化論と『情動と感情の教育学』へ

(1)「物象化」と「『同一化』作用」という概念

「現代における子ども・青年の発達の危機について（上・下）――『商品化』、『物化』、『物象化』の視点から――」(『教育』一九八五年一〇月号、八六年一月号)は、坂元の研究のそれまでとそれからを繋ぐ最も鮮明かつ集中的な転換と発展のポイントにある論文だと思われる。

坂元はそれまでの政策批判を、おそらく八〇年代の前半、その方法論において大きく転換したと思われる。政策の権力的かつイデオロギー的な側面に対する批判から、七〇年代後半～八〇年代の社会そのものの変容によって展開されるあらたな人間形成作用――それを「物象化」と「『同一化』作用」の問題として検討するのであるが――こそが、現代社会の人間支配の中心的な作用として、人々の人格の構造を大きく組み替える事態が進行しつつあり、この作用への対抗を、どう教育の方法に組み込み、積極的な意味での主体形成へと組みかえるかを、中心的な探求課題とするに到る。その「転換」は、八〇年代において、恵那の生活綴方教育が直面した困難――子どもの生活と生活意識の変容と、人格的な関係性を取り結ぶ方法や力量の大きな変化とその弱まり――をどう捉えるのかに直接かかわり、坂元の教育学方法論の新たな挑戦として進められていったと思われる。それは、人間の自己形成における「同一化作用」に及ぼす物象化と商品化の作用への対抗を、教育学と教育実践の中に組み入れることであった。

坂元は「『同一化』作用」を、「一口にいって、他者の外観、特徴、属性をわがものとし、そのモデルにしたがって、自らを『変容』していく人間形成の作用」(『教育』一九八五年一〇月号、109頁)として把握しつつ、「現代市民社会における『同一化』作用のこの二方向性――一方で、安定した人間関係のもっとも基底的部分を形づくると同時に、人間関係の矛盾を通して、自立した『自我同一性』（identity）へといたる、内面の人間的葛藤（自己と他者（第二の自己））の部分を形づくる――は、現代日本においては、さきの発達の危機から暗示されるように、いずれも極めて鋭い疎外の状態を刻印している。」（109頁）と把握し、「現代日本の子どもおよび青年の発達の危機を、このような『同一化』作用の矛盾構造を通してとらえよう」（110頁）とする。そしてその矛盾構造を、「『物化』――『物象化』関係の『内在化』の過程」（112頁）、においてとらえようとした。坂元自身による要約に依拠すれば、その「内在化」とは次のようなものと把握されている。

「現代世界における商品化および、物化‐物象化の『日常化』は、子どもおよび青年の『同一化』作用を商品化され、さらに物化‐物象化された生産＝社会関係にくみこまれたものごとを対象とした一面的な消費へとかたよらせ、発達のごく初期から、人との関係を、そうしたものごととの消費的関係を介してとり結ばせ、人との関係をそうしたものごとの関係のもとでおおいかくし、人そのものを、あたかもものごとのようにみさせ、人との関係を、ものごととの関係におきかえてゆく傾向を強める。その結果、ものごととの『同一化』作用は、人との『同一化』作用とははやくから分裂し、前者は、ものごとへの『模倣的欲望』の『せめぎ合い』をとおして、その受動的・求心的傾向――ものごとに自己をあわせる――を強めうながし、後者は、その求心的・遠心的方向をいずれも停滞させるか、または、ある時は、極端に、受動的・求心的傾向――自己を人にあわせる――を、ある時は、能動的・遠心的傾向――人を自己にあわせる――を強めうながす。そして、このような『同一化』作用の分裂・分極化は、はやくから、他者との『敵対的競争』を基盤とした強い感情葛藤――自負心・名誉感・優越感と自卑心・屈辱感・劣等感、愛好・同情・共感・愛情と嫌悪・嫉妬・羨望・憎悪などの――へと子ども・青年を投げ入れる。また、それと共に、彼らのなかにもっとも原初的な情動一体性を持続し、そこへ退行しようとする傾向を強めうながす。」／「さらに、一口でいえば、子どもと青年をめぐるいわば自然的共同体的関係のはやくからの解体と、そこから市民社会的関係への彼らの渡り行きの困難性を強くうながしているといえるであろう。その結果、今日、子どもと青年は、私的関係の場において、さまざまな感情葛藤にいつまでも強くとらえられ、他方、公的関係（学習と集団活動）においては、感情・気分を客観化する知性や権利‐義務（責任）を中心とした行動と感情、規範意識と価値観などの形成をおしとどめられているといえるであろう。」（坂元「個性の形成と教育実践への視角」『教育』一九八五年九月号、73‐74頁）

坂元はこの物象化の「内在化」の分析を介して、人格と人格の関係性を媒介する人間の能力と、機能――情動と感情、種々の感情葛藤、自我同一性の形成をめぐる葛藤――の分析に人格研究の焦点を向けていく。その際に、坂元の物象化論はホネットの物象化論に注目しその論理を取り入れているように思われる。

「教育学において『物象化』概念は可能か」（二〇〇七年五月一八日、教科研教育学部会報告、以下の頁はその報告ペーパーの頁）において、坂元は、ホネットのルカーチ批判を取り上げ、ホネットにおいては、物象化論と承認・ケア論とが結びつけられていることを評価しようとしている。人格と人格との関係性の物象化においては、人格の表出する様々な思い、感情、情動、等々の意味が無意味化され、逆に与えられた関係性を受容することへと心理が動員されていく。そしてその体制的な関係、制度化された関係、資本の支配を実現する関係性、それらの関係性が浸透した人格的な関係の展開を受け入れる態度、したがってまた現実を受容する感覚とそれに相応しい認識を受容する構えが、「物象化」として人格のありようを規定することへと繋がっていく。とするならば、この「物象化」を転換、転覆していくためには、その関係の中で無意味化され、無価値化される個の感情や思いや苦悩、等々を価値あるものとして受容し、それに共感し、そこから事態の本質へと認識を切り拓いていくことができるような位置や構えを回復することが不可欠となる。坂元はホネットに依拠しつつ「ホネットの結論をかいつまんで言えば、『物象化』について論じることとは、人間の実存的発生論的概念である『承認』の存在を忘れることにほかならないということになる。つまり、筆者のことばを使って言い換えれば、『物象化』とは、人間的関係の原初的姿であるところの、常に人間が帰って行かねばならない情動的原点の関係にたいする『忘却の事態』に他ならない」（10頁）。あるいはまた「承認は、単純に視野から消え去るのではない。そうではなくて、そこでは、ある種の縮減された『注意性attentiveness』がまさに『物象化』の事態として問題となるのであって、そうした不注意性から、それなしには生きていけない承認への注意が、私たちの視野から滑り落ちていく」（11頁）と把握する。だからこそ、「自己の人格的な全体性を―ある意味で関係性に規定された中での人格の人間的なありよう、その疎外の現実を―意味あるものとして意識化し、それに対する否定や支配として働く関係性を、批判的に認識する回路へと導く作用―それもまたケアという関係性として意識化され、能動化される―」が不可欠になっているとする。

（2）「情動」「感情」問題への接近

この把握は、『情動と感情の教育学』（大月書店、二〇〇〇年）の展開に繋がっていく。この本と同じ年に書かれた「恵那の教育実践」（『「恵那の教育」資料集』【Ⅰ】桐書房）では、恵那の子どもたちの変化に即して、「情動と感情」問題、「情動的原点の関係に対する『忘却の事態』」への教育実践によるあらたな挑戦が構想されようとしている。

「七〇年代の終わり頃から八〇年代にかけて、子どもの『内面の意識の真実性』が体の奥深い危機として現れてきたことは、実践にとってかつてない新しい問題を課した。奥深い危機はやがて情動や感情のそれとして進行していく過程でもあった。それは内面の真実

性が『客観化』できない危機でもあった」(136頁)

「……『情動』を知性にまで発展させるための法則は、情動を具体的なかたちにするさまざまな生活表現をとおしてしか可能とならない。七〇年代の後半から危機をつくり出してきたシステムは、あらゆる場面でそうした機会を子どもから奪ってきた。子ども自身がゆれる情動を自己統制・統御する子ども同士の関係とそれを可能にする表現を、子どもの内面の真実に即して作りだし、それにふさわしい文化を子どもに突きさしていく新しいシステムを学校だけでなく、子どもをめぐるすべての環境で創造しなければ、『荒れ』をなくすことはできない。……その意味で子どもの現代におけるそうした表現形態の萌芽をあらゆる場面で探り出さねばならない。」(149〜150頁)

「そこからどのようにして情動の動揺や欠如の原因となっている事実を明らかにする知性や思考を子どもにわがものとさせるかは、気の遠くなるような仕事である。問題なのは子どもたちが情動の動揺や欠如の原因が何であるかがよく分からないために、もっとも弱いものに攻撃が集中されることの悲劇である。」(153頁)

この「内在化」の検討から出てくる一つの重要な内容は、感情と情動のレベルにおける矛盾の展開、「感情の疎外」「感情の剥奪」である。「現代における子ども・青年の発達の危機について(上・下)――『商品化』、『物化』――『物象化』の視点から」(『教育』一九八五年一〇月号

〈上〉、八六年一月号〈下〉に即していくつかの坂元の展開をたどっておこう。

◇「子どもおよび青年の感覚や運動や嗜好・欲望を限りなく多面的に開発する大量の商品が子どもと青年の人間関係に直接・間接に介入している事態である。」（上112頁）「商品に対する無限の消費欲望の開発と結びつきながら、子ども・青年の人とものへの関係そのものを商品化の中に投げ入れること、つまり、彼らがおかれる空間や時間、そしてそこでかもし出される雰囲気、気分そのものをも商品消費の対象とすることをうながす。」（上113頁）

◇「消費的関係の『物化』――『物象化』された生産関係への移行、そしてそうした関係に対する『欲望』が次第に子ども・青年の人格のなかに『内在化』されていく。…中略…それは、彼らの能力と人格の形成が、『物化』――『物象化』された関係のもとでの利潤のできるだけ大きな配分の将来の獲得の欲望をうながすばかりでなく、現在進行形の形で、それらを一種の抽象化された価値系列化のなかでの順位上昇をめぐる競争の欲望へかりたてることによって現実化させ、それを人格形成への主要な『推進力』たらしめる。」（114頁）

（それは「欲望の模倣的抽象化」（上129頁）として把握されている。）

◇「そして、少なくとも内面的感情はその人間的自然性の大部分を失ったかのようになってしまうだろう。」（上120頁）――これだけではわかりにくいのだが、パソコンやゲームへの熱中が「人間関係の分断へと連動」し、「子ども・青年の他者関係への無関心とつながるならば」（上120頁）、内面的感情は、人間関係の形成と結びついて発達するのではなく、商品化によって一面的に開発、操作されるものとなり、それらが強力な「価値系列化」への「同一化」によって絶えざる「不安定化」を引き起こし、自己自身の中に引き起こされる欲求や情動や感情が、自己統御に余る矛盾を抱えたものとして――それは商品化へ人格を従属させるエネルギーとして――「開発」されてしまうものとなる、と把握することができるだろう。そしてその過程を介して、子ども・青年にとっては自己の情動や感情それ自体が自己自身に取ってのの制御不能なものと化することを意味する。

◇くわえて「愛の『対象喪失』」（下106頁）――「家庭において、母親の愛情に強く飢え、『同一化』の対象を求めながら、常に裏切られてきたこと、さらに、学校においても、授業が分からず、学校から排除され、さらに、唯一残された就職の道も閉ざされた状況』（下106頁）――によって、「『悲しみ』や、『悲しみ』を伴った『思いやり』の対象を切断され、せき止められ、もっとも『同一化』すべき人々に、もっとも激しい攻撃を向けることによって、いっそう疎外された形態を取ったことが分かる」（下106頁）。「人間をぎりぎり結びつける感情的モメントの喪失」（下107頁）、「感情疎外のもっとも端的な例」（下107頁）。「感情剥奪の状態」（下108頁）。

このような論理のたどり方で、十分に坂元の論理の構造が把握できたとはいえないとしても、坂元は、物象化という概念をくぐることを介して、感情と情動という人間人格の内的なモメントに行き着き、そしてそれの疎外、喪失という根底的な人格の矛盾が展開していることを捉える理論枠組みに到達しつつあったとみることができる。

(3) 坂元の「情動」把握の特質

情動は運動を引き起こす。それは原初的には意識を経過しないで、身体的な直接の運動を引き起こす。しかし情動は、そこに情緒性を帯びることで、「意識された動機」を組み込んでいく。その動機が、自動的な運動を断つことを通して、運動それ自体を制御する機能を獲得していく。そのことを介してやがて情動は、そこに目的や価値の意識が統合され、人を内面から突き動かす機能――人格を方向づける機能――をもつようになっていく。そしてそれは認識と統合された感情をも創り出していく。これらの視点・論理は、坂元がワロン研究を介してたどりついていったものであったように思う。

坂元は『情動と感情の教育学』において、情動と感情に働きかけることと表現と認識の関係を強く意識し、それを教育実践の方法として具体化する必要を述べていた。『情動と感情の教育学』において、以下のような展開が記述されている。

①「情動は行動から思考への道行きにあたって、行動を姿勢によってその都度切断させ、

また人間相互を純粋に交流させることによって、今度はイメージや思考を意識のなかで切り取り、そうした交流から意識を一時的に切断させる。同時に、情動は行動から姿勢によって生み出され、その表出機能を通して、模倣と表象とを生み出し、それらをとおして、それまでにはなかった思考を生み出す大もとともなる。」（62頁）

②「情動は自己に対する造形性と他者に対する交流性という二つの水準で、また、行動と思考とにそれらを媒介する水準で、そうした奥深い人間性を創り上げてきたのだ。」（63頁）

③「『ものごとがわかる』のは、情動や感情と知性との切断と連続との複雑な過程を経てはじめて豊かに形成される。それは、情動と思考への自己意識を引き裂く可能性をはらみながら、情動や感情と知性とを結びつけて自己意識を豊かにし、そのような意識を抑圧する可能性をはらみながら、意識を抑制・制御し、自由を自己意識として創造し、他者との関係を意識をとおして豊かにすることを意味する。」（115頁）

④「表出は内面の意識が生まれたときから表現への歩みを踏み出す。表現は情動を伴う内面的揺れの意識から発生する。『衝動的段階』（ワロン）では、単なる生理学的表出が支配的だ。それが明瞭な意味と構造をもつ表現に発展するには、文化を媒介する表現と情動の洗練なしには不可能だ。この意味で、表現は無意識的なものも含むが、主として意識的・意図的表出であるといってよい。」――「表出から表現への発展は、情動と感情の形成の場面を、次第に豊かにしていく。」（127頁）

⑤「表象からその発達が始まる状況的・実際的知能と推論的知能とは、情動の動きを抑制したり、消去したりすることによって、現出する。しかし、情動と感情の豊かな発達が、こうした思考の働きを促進する側面を同時に発見しなければ、情動と思考の切断と連続の弁証法を、表出・表現の内容と方法へ具体化することはできない。この問題意識は本書の中心テーマの一つだ。」(232頁)

⑥「それは、生活のなかに矛盾が存在すれば、子どもの行動を情動や感情とともに書いていく綴方を通しての記憶の訓練のなかから、必ずそれを感情や思考の矛盾として発展させるモメントが出てくると考えてきたからだ。」/「そこには、生活の矛盾を、社会の認識の矛盾として、皆のものにする生活綴方における生活思考と生活認識を育てることの目的がはっきりとあった。生活綴方は、けっして外界の認識を経験的なものから科学的なものにしていく過程といった、外部受容性の認識の発達だけを目的とはしていなかった。生活綴方は主体的な内面の表現をとおして、外界の矛盾を描くという、外界と内面との結合した記述を強調してきたが、それは何よりもそうした矛盾を探り出すためであった。」/「抑えかねる情動と感情をあえて抑制して、思考を働かせ、より高いレベルでもう一度生活感情と思考をないあわせる格好で、江口少年(山びこ学校の江口江一―引用者注)の社会認識は展開されていった。」(243頁)

坂元は、恵那の生活綴方教育に寄り添う中で、学力論と人格論を展開した。そして生活綴方実践の八〇年代の困難に直面する中で、物象化論を介して子どもを把握しようとした。そして物象化論においては、ホネットの物象化論等を参照する中で、物象化が「人と人との関係性の商品化・物象化」として展開している側面に着目し、関係性の回復――ケア論を含んで――へ注目する。そして関係性を担う人格関係――情動や感情を含む人格の基底にまで降りて――を把握するために、「情動と感情の教育学」に挑戦する。そしてそこに、再び「認識における物象化」論がつなげられ、自己および関係性の主体、社会（公共性）の主体の形成を展望するという新たな教育学の構想に向かおうとしたように思われる。その際、生活綴方の方法が、認識の対象化とその変革、それに基づく生活の再構成に加え、情動や感情の対象化、その再構成ともいうべき方法論の可能性を含んで存在しているという強い思いが、坂元にはあったように思われる。しかし、その点についての実践における検証は、残された課題となっているように思われる。さらにまた、そこから再び、学力や認識の形成を正面の課題とする今日の公教育実践の全体構造の再構成に向かって、坂元教育学が展開され得たのかどうかについても、議論の残るところであろう。

いずれにしても坂元教育学は、情動、感情、認識の全体を含んで、どう教育学と自己形成の営みの対象として据えるか、全人格を把握するかという一貫した問題意識と全体構造をもったものとして読み取る必要があるのではないかと思う。そしてその課題意識は、恵那という地域において挑戦された教育実践のもつ課題意識を共有する中から捉えられていったものであるということができるだろう。

以上の検討を踏まえて、改めて、石田と恵那の教育実践と教育運動、教育認識の切り拓きと、坂元忠芳の研究とのコラボレーションによって、双方の展開がより意識的で創造的なものへと展開していったということ、さらに次のような点が確認できるように思う。

第一に、石田と恵那の教育実践と教育運動、教育認識が切り拓いていったものは、坂元の研究を大きな媒介項として、一九七〇～八〇年代の教科研の理論展開と深く繋がり、この時期の日本の民主教育の大きな流れの中に組み込まれ、大きな影響を与えるものとなった。それは特に生活綴方論、学力論（学力と人格の理論）において、顕著であったということができる。

第二に、生活綴方教育実践から導き出された学力論としての性格において坂元の学力論が把握できるとするならば、七〇年代からの恵那が切り拓いた生活綴方の方法の発展は、それまで未だ展開しきれなかった科学と綴方の関係、学力と綴方の関係、人間の認識と知の変革における生活綴方の持つ大きな可能性を追求するという課題――それまでの日本の生活綴方教育では充分に展開仕切れなかった課題、五〇年代の生活綴方の理論がある意味で十分解明しきれず、生活綴方それ自体の後退を招くことにも繋がった生活綴方実践の理論総括の問題点――に正面から挑んだものであったことが明確になる。

第三に、石田と恵那の切り拓こうとした生活綴方教育実践は、日本のポスト・モダンという後期近代における社会矛盾――それは認識のありようや科学の継承に対しても、社会の変革を担う主体の形成においても新たな困難をもたらしたのだが――の土台の上で、それに対抗する教育の方法論を切り拓く質をもって展開したこと、その特徴の鋭い把握を介して、坂元が展開しようとした教育における「物象化論」、「情動と感情の教育学」への挑戦は、石田と恵那の教育実践の切り拓こうとした地平に展開されるべき教育学の構想という性格を持つものであったということが分かる。

およそ以上のような特質が、石田・恵那と坂元の共同によって切り拓かれたとみることができるのではないだろうか。その意味で、石田と恵那の実践と運動の質を坂元の研究との関連で解明することの意味は大きいのではないだろうか。

［注］

（注1）この批判は竹内常一の理論への批判である。坂元忠芳も批判した点であるが、竹内の「分化」の論理――（「生活綴方、生活指導はだから、いま一方では集団づくりへ、他方では教授＝学習過程におけるセンス・リアリズムとして分化的に発展させられるべきである。」（竹内常一『生活指導の理論』明治図書、一九七一年、112頁）――は、一定の批判されるべきものを持っていると思われる。竹内論は、この「分化」の論理を介するこ

とで、生活綴方の固有の、独自の役割を把握する点で、消極的になっているように思われる。坂元は次のように批判した。

「ここでは生活綴方を訓練論としては集団主義教育へ、教授論としては各教科をつらぬくリアリズムと分化して研究すべきであるという別の『分担』論が率直に出されている。しかしこの見解は、研究の分化ということで、生活訓練としての生活表現形態の指導を、集団主義教育の中へ『解消』することになっているといわなければならない。」(『教育』一九七〇年二月号、92頁)

竹内は、形成作用の意図的な教育への組織化は、何よりも集団指導であり、したがってまた集団の形成力を意図的な教育力として働かせる訓育論的生活指導――実態としては学級集団づくり――が不可欠であるという論理を採った。しかし、社会による人間の「形成」は、そのような意味での「集団」の力学の形成作用――教育として組織される学級集団の形成作用――だけで行われるのだろうか。生活綴方には、個人に対する社会の規定性を、書くことにおいてその個の認識において転換するという主体形成の弁証法を機能させる方法があるのではないか。生活綴方は、文章表現指導をとおして社会を対象化し、社会と生活への再構築を課題化し、そのなかで社会の形成作用(規定性)に子どもが向かい合うことで受動的な形成作用を自己の主体形成へと転換していく弁証法的な主体化の作用、決定論的な立場からの形成作用の変革の方法が組み込まれているのではないか。そしてそこに生活綴方の固有の方法と役割があるのではないか。したがって、学級集団づくりという訓育論的な生活指導の意識的方法化において、生活綴方の方法がもっていた生活の指導に対する独自の方法がすべて継承されるとはいえないのではないか。『生活指導の理論』はその点において、生活綴方の固有の性格――書くことによる形成作用の再転換という機能――の把握において不十分だったのではないかと思われる。

あとがき

『石田和男教育著作集』の編集・発行が本格化したのは二〇一四年の春であった。それから三年間の集中的な研究と作業を通して二〇一七年の春に、『石田和男教育著作集』を花伝社から発行いただいた。

編集委員会は、坂元忠芳先生を代表として、森田道雄、佐藤隆、片岡洋子、山沢智樹さんと私、そして恵那教育研究所からは宇佐美知子さん等に参加いただいた。その中で、議論を重ねていった。それは、恵那の教育運動の歩み、その理論の変化、意味を捉えなおす作業であった。その議論に参加するなかで、この『石田和男教育著作集』の全体をどう読むかの私自身の構想が次第に立ち上がっていった。この本は、この編集委員会の議論なしには生まれなかったものである。

私の教育学研究は、恵那の教育運動の研究から出発した。大学院生の修士論文は、恵那の勤評闘争や恵那教育会議の研究であった。そのとき、石田先生と初めて出会うことになった。しかし私は、その後、時々、恵那の調査に参加したり、恵那の集会に参加することはあっても、それほど密な関係を取ってきたわけではなかった。にもかかわらず、私の教育学についての感覚には、なぜか、石田先生との時々の出会いやほんの少しの会話、参加した集会での石田講演などが、印象深いものとして蓄積され、私自身の教育学研究への影響が刻まれていった。

恵那のことを調べ始めてから五〇年も経つというのに、恵那の教育運動や、石田先生の教育理念や教育方法法意識の全体像については、明確な認識を持つことができないままに来ていたが、『石田和男教育著作集』編集のなかで、そういう、いわば私が体感してきた石田先生や恵那の教育運動が蓄積してきた教育実践の精神や理論意識とは一体どのようなものであるのかを、改めて考え、この本で捉えたような恵那の戦後教育における独特の位置について、構造的な把握が見えてきた。

また坂元忠芳先生とは、教育科学研究会で常任委員としての活動に参加させていただくなかで、長い間いろいろなご指導をいただいてきた。特に、教科研編集の雑誌『教育』の編集長を務めさせていただいた一九九三–九五年の間は、教科研の副委員長だった坂元先生に大変お世話になり、編集上のいろいろなことについて指導をいただいた。しかし私の視野の狭さもあって、今から考えると、当時最も活発に、創造的に展開されていた坂元理論そのものを深く学び取るという点で、ほとんど失敗していたように思う。

この著作集の編集にはやはり坂元先生に関わっていただくことが不可欠と考え、編集代表のお仕事を引き受けていただいた。そしてそのときから、非常に密に、坂元先生と議論を交わすことが増えた。今回改めて、恵那の教育運動や教育実践の展開と坂元先生の研究との関係を考えてみた（第六章）。そこで新しく気づいたことは、坂元先生の七〇–八〇年代の研究が、恵那の実践や運動と、ほとんど不可分と言えるほどに繋がっており、相互に応答しつつ展開していることであった。そして八〇–九〇年代の坂元先生の研究は、恵那が直面している諸困難に対応する新たな理論の展開への挑戦であったということに改めて気づくことができた。

書き終えてみて、この本では、恵那の教育実践や運動が抱えていたであろう矛盾や困難についての批判的な分析が弱いのではないかとも思う。そういう意味では恵那と石田理論を対象化する点での不十分性を抱えているかも知れない。恵那と石田先生の切り拓いてきたものがなんであったのかという点で、書いておかねばならないものを私なりに書くことに力点を置いた結果でもあるが、そういう点も含んで、批判を多くの方々にお願いしたい。

花伝社の社主を創業以来務めてこられた平田勝さんには、『石田和男教育著作集』の発行、そして今回のこの本の発行をお引き受けいただき本当に感謝している。平田さんの育った岐阜県の東濃地方にも恵那の教育の影響があり、そういう雰囲気のある学校で平田さんが学んでこられたということが、出版を引き受けていただく一つの契機にもなった。二〇二〇年三月の私の『「知識基盤社会」論批判』も、花伝社で発行いただいた。出版の側から研究を常に支えていただいてきたことに改めて感謝したい。直接の編集をご担当いただいた佐藤恭介さんには、いろいろアドバイスをいただき、より読みやすいものにすることができたことを感謝したい。

最後に改めて、石田先生と坂元先生から、常に私の研究への励ましと刺激をいただいたことに深くお礼を申し上げたい。

二〇二一年四月一〇日

佐貫 浩（さぬき・ひろし）SANUKI Hiroshi
1946年、兵庫県丹波篠山市生まれ、法政大学名誉教授。
教育科学研究会常任委員、雑誌『教育』編集委員、平和・国際教育研究会代表。
専攻領域　教育政策論／平和教育学／社会科教育／教育課程論
主要著書
・『道徳性の教育をどう進めるか——道徳の「教科化」批判』新日本出版社、2015年
・『18歳選挙権時代の主権者教育を創る——憲法を自分の力に』佐貫浩監修・教育科学研究会編、新日本出版社、2016年
・『現代をどうとらえ、どう生きるか——民主主義、道徳、政治と教育』新科学出版社、2016年
・『学力・人格と教育実践——変革的な主体性をはぐくむ』大月書店、2019年
・『「知識基盤社会」論批判——学力・教育の未来像』花伝社、2020年
他。

恵那の戦後教育運動と現代——『石田和男教育著作集』を読む

2021年5月25日　初版第1刷発行

著者 ——佐貫　浩
発行者 —平田　勝
発行 ——花伝社
発売 ——共栄書房
〒101-0065　東京都千代田区西神田2-5-11出版輸送ビル2F
電話　03-3263-3813
FAX　03-3239-8272
E-mail　info@kadensha.net
URL　http://www.kadensha.net
振替 ——00140-6-59661
装幀 ——北田雄一郎
印刷・製本— 中央精版印刷株式会社

ISBN978-4-7634-0967-6 C3037